이별
리뷰

이별
리뷰

이별을 재음미하는 가장 안전한 방법, 책 읽기

한귀은 지음

이봄

이별 여행을 시작하며

실연 지도를
그리기 위하여

　살아가면서……
　생각해보라. 우리에게는 사랑보다 실연이 많고, 행복은 언제나 '찰나'였고, 불안은 우리를 둘러싼 시공간에 늘 머물러 있었다. 우리는 그 실연과 불안에 대해 스스로 알리바이를 만들어서 그 알리바이 뒤로 숨으려 했다. 그러나 우리의 알리바이는 언제나 불충분하거나 과장되었기에 우리는 또 금방 쓸쓸해졌다.

　이별은 익명적이고 비인칭적이다. 이별은 특정인에게만 오는 것이 아니다. 이별은 도처에서 복류한다. 사랑도 이별의 모라토리엄이며, 삶도 죽음의 유예이며, 때때로 우리는 일에서도, 믿음에서도 이별을 당한다. 그러니 이별은 병소病所로만 받아들여져서는 안 된다. 이별은 삶에 수시로 개입되는 하나의 사건이며, 이 사건에 대해 우리는 새로운 증상을 스스로 조형해야 한다. 신파의 울증鬱症이나 아이러니한 조증躁症이 아니라, 이 울증과 조증에서 전향하는 새로운 길을 탐색해야 하는 것이다.

　이 책은 이별을 완성하는 여정을 담고 있다. 이별에서 애도에 이르기까지, 심리학자들이 말하는 그 절차에 따라 문학 작품을 선정했다. '실연―부정과 슬픔―분노―우울―애도'가 그것이다. 그러나 이것으로 충분치 않다. 실연에는 전조前兆가 있고, 애도 후에 우린 다시 희망을 품는다.

이별의 전조로부터 시작하여 이별을 완성하고 희망을 얻는 과정을 문학 속에서 찾아보면 어떨까. 이별을 했다고 우리는 연인으로부터 곧바로 떠날 수 있게 되는 것이 아니다. 오히려 우리는 연인으로부터 떠날 수 없기에 '자기 자신'으로부터 도피하게 된다. 그래서 자기 자신을 엉뚱한 곳에 놓아두는 것이다. 마치 잘못 배달된 택배 물건처럼 자기 자신을 알지 못하는 어떤 공간에 방치하기, 그것이 우리가 선택하는 여행이다. 혼자 해야 하는 여행이지만, 혼자 하기에는 벅찬 여행. 그래서 이 책은 때로는 문학 속 장소를, 때로는 문학 속 사람들을 동반한다.

이별을 한 후, 갈대밭을 거닐고 싶다면, 그렇다면 「무진기행」의 '윤희중', '하인숙'과 함께 그 길을 걸으면서 그들에게 공감하고, 당신의 마음을 그들에게 내어줄 수 있다. 지금 당신도 그곳으로 떠날 수 있다. 「무진기행」의 장소, '순천만'이다. 혹시, 이별의 전조를 느끼면서 어찌할 바 몰라 거리를 헤매고 있는가. 그러면 어디 카페에라도 들어가, 지나가는 사람들을 무심히 바라보라. 그리고 당신의 기다림을 천천히 버려나가라. 황지우의 시 「너를 기다리는 동안」이 당신을 도와줄 것이다.

이런 식이다. 이 책에서의 여행은 어떤 관광지나 명소를 찾아가는 여행이 아니다. 들뢰즈G. Deleuze가 말한, 정신적 유목Psychic Nomadism에 가깝다. 가까운 카페, 도시의 거리, 숲, 연인의 집, 혹은 자기만의 방 속에서도 우리는 여행자가 되기도 한다. 무엇보다 곁에 '문학'이 있다면, 누군가의 '이야기'가 있다면, 우리는 그 속으로 천천히 걸어가는 보헤미안이 되는 것이다.

그리하여, 이 여행은 혼자서 하는 것이 아니다. 문학 속의 그/녀들과 함께 하는 여행이다. 그/녀들은 정확히, 이별을 한 사람들이다. 그러므로 이 여행은 이별한 자들의 도미노 여행이 될 것이다. 마치 배턴을 넘기듯이, 예컨대 「무진기행」의 하인숙으로부터 「낭만적 사랑과 사회」의 '유리'로, 다시 「정혜」의 '정혜'로 이어지면서, 기꺼이 문학의 노마드nomad가 되는 여정을 따를 것이다. 우리는 이 여정으로 마침내 다중적 소실점을 갖게 될 것이다. 하나의 소실점만으로 굳어진 원근법으로 자신을 바라보는 것이 아니라, 여러 개의 소실점으로 자신과 타자, 혹은 자신 속에 있는 낯선 타자를 동시에 바라보는 경험.

이 책은 이별한 자들의 연방제이자 실연남녀의 연좌제를 꿈꾼다. 어쩌면 이 세계는 이미 실연남녀의 거대한 연대로 이루어져 있는지도 모른다. 이런 이별과 이별한 자들의 계보를 재구하면서 우리 자신의 이별에 대해 숙고하고 애도하고 희망을 갖는 여정을 시작하고자 한다. 이 책은 그러므로, '걷는 여행'이 아니라 '읽는 여행'이다. 문학을 읽는 여행이자, 자기 자신을 읽는 여행. 도피의 여행이 아니라 탐색의 여행. 이 여행을 마치면 당신에게 미증유의 삶이 열리기를 바란다. 그리고 마침내 당신 앞에, 완성된 실연 지도가 놓이기를 바란다.

2011년 1월
한 귀 은

차례

이별 여행을 시작하며
실연 지도를 그리기 위하여 _4

프롤로그
이 책 사용법 _11

1. 이별의 전조와 실연의 정황

기다림의 이유 _25
황지우 「너를 기다리는 동안」

이별을 예감할 때 _29
배수아 「푸른 사과가 있는 국도」

이별할까, 견딜까 _37
이만교 「결혼은, 미친 짓이다」

이별은 왜 반복되는가 _44
김승옥 「무진기행」

너를 위한 나와의 이별 _52
김동리 「역마」

도시녀의 실연과 사랑 _55
정이현 「낭만적 사랑과 사회」

술집에서는 흥얼거려야 한다 _64
이청준 「이어도」

이별자의 장소 1—술집에서 _70

2. 부정과 슬픔의 정황

이별 부정 1—히키코모리 되기 _80
이상 「날개」

이별 부정 2—사랑 각색 _87
황순원 「소나기」

이별 부정 3 – 다만 사랑했을 뿐이다 _94
전경린 「물의 정거장」

이별 부정 4 – 분노의 쓰레기통 뒤지기 _100
하성란 「곰팡이 꽃」

이별의 사제, 장국영 만나기 _105
김경욱 「장국영이 죽었다고?」

이별자의 장소 2 – 영화관에서 _111

3. 사랑에 대처했던 우리의 자세

사랑한 적 없었고, 그래서 이별도 없다 _117
김애란 「성탄특선」

그래도 나는 사랑을 했었다 _122
최윤 「회색 눈사람」

어렵고 모호한 그/녀들 _131
김훈 「칼의 노래」

냉소적이고 위악적인 이별 방지법 _138
은희경 「마지막 춤은 나와 함께」

연애중 위험한 시도, 다이어트 _145
은희경 「아름다움이 나를 멸시한다」

이별자의 장소 3 – 미용실에서 _149

4. 분노하고 애도하라

분노도 배워야 한다 _156
최인호 「타인의 방」

애도는 (불)가능하다 _162
이성복 「남해 금산」

사랑을 잃고 쓰네 _168
이태준 「석양」

생의 끝에서 만난 애도 _174
박완서 「그 남자네 집」

분노하고, 애도하고, 존중하라 _180
김형경 「외출」

이별자의 시간-모든 것에서 애도하다 _185

5. 사랑을 말해본다

실패의 완성 _193
김형경 「사랑을 선택하는 특별한 기준」

희망은 때론 고통스럽게 온다 _204
은희경 「내가 살았던 집」

헤어지기 위해 편지쓰는 사람 _210
신경숙 「풍금이 있던 자리」

사랑의 기미를 포착한 사람 _217
우애령 「정혜」

더 이상 바라지 않아도 좋은 사람 _221
최윤 「하나코는 없다」

둘이 되기 위한 사랑 _229
김훈 「공무도하」

너와 공감하려는 노력 _237
박현욱 「아내가 결혼했다」

희망에 대한 신뢰 _244
노희경 「그들이 사는 세상」

남의 사랑에 훈수 두기 _254
박완서 「그 여자네 집」

미래에서 여기, 지금을 본다 _263
강은교 「젊은 시인에게 보내는 편지 4」

이별 여행을 마치며
이제, 사랑을 쓴다 _270

일러두기

1. 중편소설과 단편소설 제목은 홑꺽쇠「 」를, 장편소설은 겹꺽쇠『 』를 사용했다.
2. 시, 드라마 제목은 홑꺽쇠「 」를 사용했다.
3. 인용문의 강조 표시는 모두 지은이가 한 것이다.

프롤로그

이 책 사용법

이 세상 사람들은 두 종류로 나뉜다.
실연당한 적이 있는 사람과 실연당한 적이 많은 사람.

실연을 하면 모든 것에 대해 난독증자가 된다. 사랑을 끊어버린 후의 금단 증상과 그 사랑의 자리가 비어버린 후의 공황 때문에 아무것도 제대로 해석이 되지 않는다. 언제나 오역하고, 오독하고, 오해하는 것이 이별한 사람들의 특징이다. 이별한 자는 마치 오작동만 일으키는 정비 불량의 기계 같은 것이 된다.

그래서 이별한 자는 어느새 싸움꾼이 되어 있기도 한다. 여기서는 이 사람과 싸우고, 저기서는 저 사람 때문에 상처받고, 그 사이에서 자존감을 쉽게 훼손당한다. 이별한 자는, 마치 스스로 회복에 저항하는 듯 위악을 자처하기도 한다. 이별한 자는 종로에서 뺨 맞고, 한강에서 화풀이하다가, 다시 한강에서 뺨 맞는 자이다. 하는 말마다 서툴게 번역된 문장처럼 어색하고, 그래서 화풀이한 대상에게 사과하는 것조차 쉽지 않다. 차라리 자기 몸에 'DANGER'라는 라벨이라도 붙여놓아야 하지 않을까 싶을 정도로 이별한 자들은 쉽게 터지고, 쉽게 무너진다.

이럴 때이다. 영혼의 치유 장소인 '책이 있는 곳'으로 가야 할 때. BC 1300년경에 책이 있는 곳, 도서관을 '영혼의 치유 장소' the healing place of the soul라고 부른 사람은 이집트의 람세스 2세였다. BC 300년경 고대 그리스 도서관 입구에는 '영혼을 위한 약'medicine for the soul이라는 현판이 걸려 있었다. 책 테라피bibliotherapy, 문학 테라피literatherapy라는 말도 책과 문학, 그것이 갖는 치유의 능력을 나타낸 것이다.

그러나 모든 것에 집중을 제대로 하지 못하여, 마치 실독증에, ADHD^{주의력결핍 과잉행동 장애}가 합쳐진 듯한 '이별자'는 책에 마음을 두기가 쉽지 않다. 그럴 때 여행을 하는 것이다. '나'를 어딘가로 무단 방류하는 것이다.

꼭 멀리 떠날 필요는 없다. 트레이닝 바지에, 모자를 눌러쓰고 가까운 커피 전문점에라도 가서 책을 편다. 바깥이 보이는 자리라면 더 좋겠다. 책이 읽히지 않으면 간혹 고개를 들어 풍경을 바라보기도 한다. 그리고 다시 책을 읽는다. 어느새 책을 읽는 리듬이 커피 전문점 음악과 향기에 얹힌다. 연인의 몸을 만지던 손은 이제 책장을 넘기고 있고, 연인의 심장 박동 소리를 알던 가슴은 이제 책의 부피감을 느끼게 된다. 연인의 자리에 이제 책이 놓이게 되는 것이다.

도서관도 괜찮다. 이별을 하고 찾아갈 수 있는 성소^{聖所}는 단연 도서관이다. 도서관에는 마치 새로운 연인이 될 법한 사람들이 열을 짓고 있듯이, 그러나 그들 중 어느 누구도 스스로 접근해오지 않듯이, 책들이 점잖게 무수한 내용을 담고 당신을 소극적으로 유혹한다. 이럴 때 책은 연인의 대역이 된다. 책과 연인의 공통점은 의외로 많다. 때론 베개가 되기도 한다. 끝까지 읽어도 다 이해되는 것은 아니다. 외출할 때마다 데리고 다닐 수는 없다, 짐이 되기 때문에. 그러나 기차 여행을 할 때는 동반하고 싶다. 침실까지 따라

올 때도 있다. 겉모양이나 표지가 멋있다고 내용물이 충실한 것은 아니다. 크고 두껍다고 많은 것을 제공하는 것도 아니다. 때때로 쓸데없이 비싼 것도 있다. 오래 묵히면 그것에서 추억의 냄새가 난다.

어쩌면 당신의 연인은 독특한 책이었는지도 모른다. 당신은 불행히도, 그 책을 읽을 줄 모르고 품기만 했는지도 모른다. 그리고 당신은 자기 자신조차도 하나의 책이었다는 것을 모르고 연인에게 읽힐 생각을 하지 못했는지도 모른다. 이별한 자는, 파지가 몇 장 섞인 불안정한 책이거나, 시인 기형도가 말했듯이 '검은 페이지가 대부분인' 책일 것이다. 이제 당신이라는 책을 다른 책의 힘으로 다시 편집하고 제본할 차례이다.

그런 사람이 나오는 소설이 있다. 김경욱의 「위험한 독서」이다.
여주인공은 7년간 사귄 연인과 정리하고 싶어 한다. 그녀의 연인은 그녀의 친구와 바람이 났다. 그녀는 다름 아닌, 독서 치료사를 찾아간다. 아이러니하게도, 그녀는 구청에 딸린 작은 도서관에서 일하는 사서이다. 사서와 독서 치료사의 만남. 물론 매개는 '책'이다. 그녀는 책을 통해서 자기의 친한 친구와 애인이 '잘못된 만남'을 갖게 된 것이 자기 잘못이 아니라는 것, 즉 자신이 매력도 없고 무능하기 때문이 아니라는 것을 깨달아야 한다. 그리고 사랑을 시작할 때의 그 긴장감과 불안, 부족한 자신감 때문에 엄습하는 두려움 같은 것도 치료해야 한다. 그래야 다음 사랑을 할 수 있기 때문이다. 독서 치료사는 '안전한 책'을 통해 그녀의 상처를 하나씩 노출시킨다.

처음에 독서 치료사는 그녀를 어디서나 볼 수 있는 흔한 책 정도로 여긴다. 흔한 책, 흔한 증상이기에 처방조차 흔한 것이었다. 먼저, 다자이 오사

무의 『인간실격』을 그녀에게 읽게 하는데, 그 과정에서 그녀의 출생부터가 가족들에게 달가운 일이 아니었다는 것을 알게 된다. 독서 치료사는 그녀가 그렇게 사랑받지 못했던 것이 그녀의 잘못은 아니라는 것을 차츰 깨닫게 해 준다. 그녀는 아들을 바라는 집의 넷째 딸로 태어났고, 그래서 아버지는 물론 어머니로부터도 사랑을 받지 못했고, 스스로 자신을 어머니의 수치라고까지 여기고 있었던 것이다.

독서 치료사는 이어 그녀에게 '희생양'에 관한 이야기를 들려준다. 희생양은 죄가 있어서 처형되는 것이 아니라, 처형되기 때문에 죄가 있는 거라고. 그녀의 출생이나 애인과의 헤어짐도 그녀에게 죄나 잘못이 있어서가 아니라, 그녀의 출생을 가족들이 애초에 기꺼워하지 않았기 때문에 그녀 자신의 잘못처럼 여겨졌던 것이고, 또한 그녀가 애인과 헤어질 수밖에 없는 상황에 빠졌기 때문에 마치 그녀가 무능력한 연인처럼 자책하게 되었다는 것도 부연한다. 원인과 결과가 뒤바뀐 셈이다. 죄가 원인이고 희생이 결과가 아니라, 희생이 원인이 되어서 죄가 역으로 씌워진 것. 그리고 이야기는 어떻게 되었을까. 그녀는 애인과 '성공적으로' 헤어졌을까.

완벽한 성공이었다. 그녀가 자신의 또 다른 삶을 찾았기 때문이다. 그녀는 도서관 사서를 그만두고 빵을 굽는 사람이 된다. 자신이 빵을 굽는 것을 좋아하는지, 아닌지 생각조차 할 수 없었던 그녀가 자신이 좋아하는 일을 알게 되고, 그것을 실천할 수 있게 된 것이다.

책 때문만은 아니다. 오히려 이유는, 그녀가 책이 되었기 때문이다. 독서 치료사도 그녀를 책으로 여기고 그녀를 열어 읽어주었고, 그녀 또한 스스로를 책으로 여겨 여태 읽지 않던 자신 안의 페이지를 기어이 읽어내었기 때문이다. 그래서 소설의 제목대로 한 사람을 바꿀 만큼 독서 자체의 위력이 커서 '위험한 독서'가 아니라, 어떤 사람을 책처럼 알려고 하는 것 자체가 위험한 일이어서, 위태롭고 아슬아슬한 일이어서 '위험한 독서'인 것이다. 독서의 대상이 책이기도 하지만, 사람 자체이기도 한 것.

사람이 책이라면 세상은 도서관일 것이다. 보르헤스 J. Borges는 우주를 도서관에 비유했다. 아니, 비유라기보다는 아예 우주를 도서관이라고 바로 지칭을 했다. 그가 소설 속에서 표현한 도서관은, 중심은 어디에나 있지만, 원주는 어디에도 없는, 정육각형 서가가 무한히 반복된 거대한 원구이다. 우주가 그렇지 않은가. 중심은 어디에나 있는 것 같지만 그것의 원주는 어디에서도 발견되지 않고 추측조차 할 수 없는 것이 우주이다. 그런 도서관, 혹은 우주에서, 책과 사람, 또는 사람과 사람이 만나는 것, 그것 모두가 일종의 독서일 것이다. 때로는 위험한 독서가 될 수도 있고, 때로는 부작용만 낳는 독서가 될 수도 있고, 또 때로는 다이제스트본이나 표절본을 읽는 따분한 독서가 될 수도 있다.

당신이 좋은 책이길 원하는가. 그럼 도서관에 가서 당신이라는 책에 각주가 될 수 있는 또 다른 책을 찾으라. 당신은 좋은 책 같은 연인을 만나고 싶은가. 그렇다 해도 도서관에 가서 당신처럼, 좋은 책이 되기를 원하는 '사람'을 물색할 것이 아니라, 당신을 좋은 책으로 만들어 줄 '책'을 먼저 만나라. 그럼, 당신이라는 책을 읽어줄 '사람'이 비로소 당신을 조용히 펼칠 것이다. 그때 당신도 '그 사람'을 읽으면 되는 것이다.

■ 일러둘 사항 몇 가지

1. 이 책은 문학과 함께 하는 이별 여행, 이별을 완성하는 문학 여행서이지만, 이 '여행'은 물리적 공간의 이동만을 의미하지는 않는다. 몸과 영혼이 이동하는 곳은 모두 여행지이다. 때때로 여행지는 변두리 여인숙이기도 하고, 그동안 모른 척했던 나의 상-처傷, 곧 트라우마trauma이기도 하다.

2. 이별을 한 직후라면, 이별에 대한 애도가 끝나지 않았다고 생각된다면, 이 책, 뒷장부터 읽어도 좋다. '희망'부터 읽으면, 이별의 전조나 실연, 부정과 슬픔, 분노와 위악이 까마득한 과거로 여겨질 것이다. 희망을 아는 자의 여유로 그 모든 과정을 대할 수가 있는 것이다. 이것은 시간을 거슬러가는 일이며, 미래의 시점으로 '지금 여기'를 보는 일이다. 우리는 언제나 과거의 상처로부터, 혹은 현재의 암담함으로부터 자기 자신을 바라본다. 그러나 희망을 알게 되면, 미래의 시점에서 현재를, 마치 과거를 회상하듯 보게 되는, 이른바 중층적 시점을 가질 수 있게 된다.

3. 이 책은 이별의 과정을 극복한 어떤 성숙한 사람이, 이별의 상처에서 벗어나지 못한 사람들에게 전하는 메시지로 이루어져 있지 않다. 차라리 '실연'의 장에서는 방금 실연한 사람의 목소리가 들리고, '부정과 슬픔'의 장에서는 그렇게 부정하고 도리어 위악을 자처하는 사람의 나약한 몸짓이 보일 것이다. 그러나 마침내 '애도'와 '희망'을 말하는 장에서는 점차 자존감을 회복하는 듯한 고요한 목소리를 듣게 될 것이다.

1. 이별의 전조와 실연의 정황

우리가 지나간 사랑을 반복한다는 것은 사실이다.
그러나 우리의 현재의 사랑이 그토록 생생하게 진행되고 있는 순간에
이미 파국의 순간을 '반복'하며 그 종말을 예기한다는 것 역시 사실이다.

질 들뢰즈, 「프루스트와 기호들」

기다림의
이유

황지우 「너를 기다리는 동안」

"이 내기에서 나는 항상 패자다. 무슨 일을 하던 간에 나는 항상 시간이 있으며 정확하며 일찍 도착하기조차 한다. 사랑의 숙명적인 정체는 기다림, 바로 그것이다." 롤랑 바르트, 『사랑의 단상』

사랑의 숙명적인 정체도 '기다림'이지만, 이별의 필연적인 전조도 '기다림'이다. 나를 떠날 사람은, 나를 기다리게 한다. 그리고 잔인하게도 이 기다림이 나를 그/녀로부터 더욱 벗어나지 못하게 한다.

누구에게나 한때, 지독하게 누군가를 사랑한다고 믿었던 경험은 있다. 정말 그토록 사랑했는지 아니었는지는 중요하지 않다. 관건은 그/녀를 엄청나게 사랑한다고 '믿었다'는 것에 있다. '사랑한 만큼'이 아니라, '사랑에 대한 믿음만큼' 상처받고, 그 믿음의 벡터만큼 결핍감을 갖게 된다. 그 믿음과 믿음의 잔여인 결핍감, 그것의 산실이 바로 카페이다.

(……)
네가 오기로 한 그 자리, 내가 미리 와 있는 이곳에서
문을 열고 들어오는 모든 사람이
너였다가
너였다가, 너일 것이었다가
다시 문이 닫힌다
사랑하는 이여
오지 않는 너를 기다리며
마침내 나는 너에게 간다
(……)

시의 리듬 속에 간절함이 묻어 있다. 이 간절함 때문인지 단숨에 읽힌다. 시인이 5분 만에 썼다는 시. 1986년 시인이 5공 탄압에 지명수배되었을 때 10대들을 위한 한 잡지에서 글을 부탁하여 급하게 쓴 시라는데, 어쩌면 그 당시 시인의 절박함이 이토록 간곡한 호흡을 만들어냈을지도 모른다. 이 시의 실제 창작 장소는 카페가 아니다. 그 장소는 중앙일보 사옥 내에 있는 계간지 『문예중앙』 사무실이라고 한다. 그러나 기다림의 아련함이 우리에게 전이되면서, 우리는 거의 반사적으로 우리 자신이 그/녀를 기다렸던 장소인 카페를 떠올리게 되는 것이다.

카페에서 그/녀를 기다리면서 하릴없이 나는 그/녀를 처음 만났을 때를 떠올리고, 그/녀가 가장 사랑스러웠을 때를 반복재생한다. 그리고 그 사랑스러운 그/녀 앞에 작고 초라한 자기 자신을 가져다놓는다. 그/녀와 처음 마주쳤을 때, 그/녀가 배경에서 오롯이 해리되던 이미지

가 재각인되고, 그때 풍경에서 떨어져나온 그/녀가 그동안의 먼 시간을 바로 나의 앞에 압축시켜버렸던 순간도 다시 눈앞에 와 박힌다. 기억하지 않으려 한 일은 기억하지 않으려 했던 그 순간까지 기억된다.

 입맞춤의 기억도 주책없이 떠오른다. 그/녀의 입술이 닿을 때마다 목이 꺾인 꽃처럼 고개가 아래로 허물어졌던 때. 하고 싶은 말들이, 그러나 해봤자 소용없는 말들이 입술에서 달랑이던 때. 그리고 입맞춤 끝에 손가락 끝에서부터 마치 작은 벌레가 핏줄을 타고 기어오는 듯해서 눈을 한 번 깜박였는데, 마침 흘러나온 눈물이 낯설고 기막혀서 한편으로는 웃을 수밖에 없었는데 웃음은 나오지 않고, 웃을 수밖에 없는 상황이 온몸을 적셔버리기도 했던 때.

 마침내 그/녀는 나에게 컴컴한 심연이 된다. 그/녀가 오지 않는 시간도 심연처럼 가라앉는다. 그러면서 나는 정지 화면처럼 고요해진다. 하나의 프레임 속에서 단 한 존재만 빼놓고 다른 물상들과 사람들은 분주히 움직이는 화면처럼……. 이제 그/녀는 아무리 롱테이크, 롱숏을 써도 포착되지 않을 사람처럼 느껴진다. 다만 홀로 나만 프레임의 가장자리에 있는 듯 없는 듯, 그런 존재처럼 여겨진다.

 이제……, 카페를 나가야 할 시간이지만 나는 그러지 못한다. 다시 새로운 기다림이 시작된다. 심기일전. 불필요하고 절박한 심기일전이 시작되는 것이다.

 카페에서 기다려본 적, 없는 사람이 있을까. 우리는 누구나 사랑의 패자였거나 패자이기 때문이다. 쿵쿵거리는 모든 이들의 발자국을 재빨리 포획해보지만, 그 포획망에 자신이 기다리는 사람의 발걸음은 없을 때의 마음이란. 더욱이 그것이 이별의 전조라는 것을 애써 부인해야 했다면.

마음은 이성의 명령을 따르지 않고 멋대로 어딘가로 가버리고, 나는 마음의 타자성이 어디까지일까 생각하며 다시 기다림의 행위를 지속한다. 마침내 자신이 기다리고 있다는 사실조차 잊을 때까지.
이때 나는 매복^{埋伏}한 사람. 그동안 마신 물의 양 때문에 화장실을 들락날락하고, 거듭해서 화장을 고치면서 마침내 사랑과 이별의 신파를 완성하는 사람.

그러나 이것이 보편적인 사랑의 노선이 아닌가. 사랑이, 사랑이 지닌 모든 통속성, 상투성, 진부함, 퇴행성, 나르시시즘을 극복하고 나면 이미 사랑이 아닐 것이다. 혹은 이런 것들을 극복하기 위해 쏟은 에너지의 엔트로피는 그 자체로 사랑의 방전으로 이어지기 때문에, 차라리 통속성과 상투성을 껴안고 진부하고 퇴행적으로 상대에게 투항하는 것이 바로 사랑일 것이다.

그렇게 생각하며 또 기다린다. 보편적 사랑 노선에서 전향할 생각은, 아직 없다. 이것이 기다림의 역설이다. 기다리는 자신을 자책하면서 동시에 기다림의 의미를 확장해가는 것.
그러다 그녀가 주었던 포송포송한 인형이 달린 열쇠고리를 바라보며, 문득 이 작고 다정한 것이 '내 것'이 아니라는 사실을 알게 된다.

이별을
예감할 때

배수아 「푸른 사과가 있는 국도」

어떤 부조리극 같은 연애 한 편.

갑: 상징의 숲에서 헤매는 거야, 삶이란.
을: 우리, 오늘 뭘 먹을까?
갑: 운명은 항상 해석되기를 기다리지.
을: 오늘은 무얼 먹을 '운세'니?
갑: 사랑도 '운명'의 속성을 지니고 있겠지?
을: 우리는 정말 천생연분이야.
갑: 그러나 사랑은 한순간에 불과해.
을: 나는 영원히 사랑할 거야, 걱정 마.
갑: 나는 언제나 이 순간 동안만 너를 사랑해. 그리고 그것은 기억
　　으로 남아 너를 늘 사랑한다고 생각하게 만들어.
을: 너, 왜 그래?
갑: 너에게 최선을 다해 말하고 있는 거야.

을: 너 미쳤구나.
갑: 너에게 이해받지 못할 말이라는 걸 알면서도 나를 너에게 설명하고 싶었어. 네가 나를 소중하게 읽어주기를 바라거든.
을: 우리는 다르다는 거니?
갑: 누구나 다 다르지. 그러나 우리는 늘 소통을 꿈꾸지.
을: 내가 그렇게 마음에 안 들면, 그래, 헤어지자, 헤어져.
갑: 그런 게 아니야.
을: 애초에 너는 그랬어.
갑: 너와 말하고 싶어.
을: 말해.
갑: 그러니까…….
을: 너나 잘해.
갑: 그래도 나를 사랑하는 거지?
을: 너는 늘 왜 그러니?
갑: 내가 뭘?
을: 언제나 그런 식이지.
갑: 무슨 얘길 하는 거니?
을: 그만하자.
갑: 우리가 뭘 말했지?
을: 그만하자.
갑: 뭘 그만해야 하지?
을: 그만하자고 했지?
갑: 미안해.
을: 영화 볼까?

갑: 무슨 영화를 볼까?
을: 네가 고를래?
갑: 그럴까?
을: 뭘 골랐어?
갑: 뭘 보고 싶은데?
을: 네가 고르라니까.
갑: 그럼, 당신이 보고 싶은 걸로.
을: 피곤하군.
갑: 미안해.

부조리극 같지만 우리도 이런 식의 대화를 나눈 적이 있다. 차 안 두 사람의 대화. 한쪽이 금방 미안하다고 말해버리자 사건은 종결된다. 이런 식의 대화가 오간다면, 오가고 있다면, 이건 이별의 징후일까 아니면 상호 이해를 위한 어쩔 수 없는 과정일까.

여기서 '갑'은 의자 깊숙이 몸을 숨긴다. 혹은 차창 너머를 바라보며 알 수 없는 죄책감을 느낀다. 갑은 이제부터 자신의 예민함과 소통을 위한 성실함, 이런 것들을 둔화시키게 될 것이다. 갑은 도로 위를 주행하고 있지만, 그 이동 방향은 자기의 깊은 내면이다. 차 안에서 이제 '을'은 점점 사라지고 갑의 내면 여행이 시작된다.

배수아의 소설 「푸른 사과가 있는 국도」에서 여자 주인공도 갑과 비슷하다. 「푸른 사과가 있는 국도」의 여자는 스물다섯 살이다. 여자는 대학을 중퇴했지만, 그것은 흔한 일이다. 여자는 가출했지만, 역시 별로 대단한 일이 아니다. 여자는 남자와 헤어졌지만, 누구나 겪는 일이다. 여자는 기혼자를 잠깐 만났지만, 그저 스캔들 때문에 약간 불편했을 뿐이다. 그녀는 자신의 친구가 주방용 가위로 손목을 그었다는 얘기를 들었지만, 감정의 기복을 겪지 않는다.

그러나 그 일들을 대단치 않게, 약간의 불편함만을 동반토록, 감정의 패닉 상태에 이르지 않게 하기 위해 그녀가 어떤 사람이 되어야 했는지를 생각해본다면, 이 모든 일들이 그녀 삶의 전부라는 것을 금방 알게 된다.

그녀가 한 일은 '푸른 사과가 있는 국도'를 계속해서 떠올리며 사과를 팔던 거친 여인들의 자리에 자신을 대신 놓는 것이었고, 그 모습을 자기의 미래라고 확정짓는 것이었다. 그녀는 가출하면서, 이별하면서, 스캔들 때문에 일하던 백화점에서 쫓겨나면서, 친구가 자살을 했다는 소식을 들으면서, 언제나 푸른 사과가 있는 국도를 떠올린다. 푸른 사과의 시큼한 맛을 상기하고 그 맛없는 사과를 팔아야 하는 여인들의 운명을 자기 것으로 옮긴다.

자신을 푸른 사과를 파는 여인과 동일시하기 때문에 그녀의 정체성은 늘 분열된다. 그녀의 기억은 뒤죽박죽이고, 관계 맺기도 늘 어긋나고, 자기 자신조차 자신이 알고 있는 존재가 맞는지 모호하다. 그녀는 자신도 모르게 어딘가에 있는 자기를 발견하는 몽유병자처럼 스스로가 낯설다. 고개를 들어보면 누군가를 만나고 있거나, 누군가와 이미 헤어진 후이다. 단기 기억상실증 같기도 하고, 경미한 다중인격증 같기도 하다.

그 모든 분열과 단속적인 기억이 푸른 사과가 있는 국도와 관련되는 것이라면, 그것이 무엇인지 그녀의 목소리로 들어보자.

나는 여인네의 거칠게 튼 붉은 뺨을 바라보면서 사과를 사버린다. 바삭거리는 오래 되고 묵은 냄새 나는 종이봉투에. 어디엔가 과수원도 있으리라. 여인은 흐린 빛의 손으로 짠 스카프로 얼굴을 반이나 가리고 있다. (…) 잘 보이지 않는 먼지가 사과를 파는 여인의 메마른 입술과 눈에 내려앉았다. (…) 나는 차에서 내려 천천히 이 거리를 걸어가보고 싶은 기분도 든다. 그래, 종이봉투에 담긴 푸른 사과를 팔면서 이 거리에서 살아도 좋겠구나. 밤이 어두워지면 무거워진 발을 질질 끌듯이 하며 낮은 산들 너머 강가의 집으로 돌아가는 나의 뒷모습이 보인다. 스물다섯 늦가을 어느 날에 나는 목이 메었다.

"강가의 집으로 돌아가는 나의 뒷모습이 보인다."는 부분, 마치 어린 점술가가 자신의 미래를 생생하게 떠올리는 듯하다. 집으로 돌아가는 자신의 뒷모습을 보고 있는 어린 점술가.

혹시 꿈속에서라도 자신의 뒷모습을 본 적이 있는가. 보는 일은 힘겨울 것이다. 얼굴이 있는, 언제라도 연기를 할 준비가 되어 있는 눈부신 얼굴이 있는 앞면이 아니라, 얼굴이 없는 말 없는 등과 처진 어깨, 피곤함을 감추지 못하고 언제나 조금은 부어 있는 종아리가 있는 뒷모습을 바라보기란 낯설고 두려운 일일 것이다.

그런데 그녀는 수시로 자신의 뒷모습을 본다. 그것도 미래의 뒷모습을. 그런 여자는 다른 사람들과 어떻게 어울릴까. 그런 여자가 남자를 사귄다면 어떤 말과 행동을 하게 될까. 여기, 한 장면이 있다. 푸른 사과의 이미지에 사로잡힌 여자는 푸른 사과 그리기를 반복했는데, 남자의 차 안에서조차 그림 그리기를 멈추지 않는다. 둘의 대화를 들어보자.

"차 안에서 그림을 그릴 수 있니?"
"대충 하는 거야. 내가 그리는 게 아니고 나도 모르는 어떤 누가 내 안에서 나를 강요해. 그러면 흔들리는 차 안에서라도 그릴 수밖에 없어."
"너는 말을 항상 그렇게 하니."
그는 내가 자기 엄마나 누나처럼 말하지 않는다고 언제나 비난하였다.
"그리고 싶으면 그려야 돼, 이런 식으로는 왜 말 못하니?"

여자의 대답은 남자가 강요하는 대답, "그리고 싶으면 그려야 돼."와 같은 의미인가. 여자는 남자의 말처럼 그렇게 말해야 했을까. 여자는 자신의 현재 상황을 최선을 다해 어렵사리 표현한 것은 아닐까. 그렇게 표현해놓고도 여자는 정말 그것이 자신의 상태인지 의심했을 것이다. 남자에게 좀더 정확하게 대답해주지 못한 것을 질책하고 있었을진대, 남자는 여자가 모든 미묘한 정황과 감정을 다 삭제한 채로 어딘가에서 늘 들어오던 말로 대충 해주기를 바랐던 것이다. 만약 여자가 "그리고 싶으면 그려야 돼."라고 말했다면 그것은 제대로 된 소통일까.

그녀는 안다, 언어가 부정확하다는 것을. 기호학자들이 말하듯 언어의 기의와 기표의 관계가 자의적이라는 것도, 더 나아가 기표는 기의에 닿지 못하고 미끄러지고 떠돈다는 것을, 그녀는 이미 몸으로 알고 있다. 그래서 그녀는 무심히 흐르는 유행가 가사에도 무심할 수가 없다.

다시 그와 그녀가 있는 차 안이다. 그는 그녀의 말에 이제 대꾸조차 하지 않고 테이프에서 나오는 노래를 흥얼거리며 따라 부르고 있다. 그 노래는 "너는 모르지 내가 얼마나 널 사랑하는지 (…) 바다처럼 오랜 시간이 지난 뒤에도 (…)"를 반복하고 있지만, 그녀는 의아스럽다. 바다처럼 오랜 시간이란 것이 어느 만큼을 의미하는 것인지. 그녀에게는 그 모든 상투적인 비유조차도 상투적으로 들리지 않는다.

어쩌면 그녀야말로 타자의 언어를 들을 준비가 된 것은 아닐까. 그녀는 친구가 자살하기 전, 그 친구의 남자친구와, 남자친구의 친구와, 남자친구의 친구의 여자친구들에게조차 최선을 다했다. 최선을 다한다는 것은 자신의 이미지를 매력적으로 각인시키기 위함이 아니라, 상대의 '지금 여기'의 상태를 이해하려고 하고 그 상태가 말하는 바대로 응대하는 것에 가깝다. 자신에게 다가오는 존재들이 타자라는 것을 인정하면서 타자의 언어와 몸짓을 이해하려는 것이다.

그렇게 응대하곤 했던 여자에게 남자는 "너는 이상해. 언제나 그래. 엉뚱한 이야기를 꺼내서 내 말을 막곤 했었어. 조금도 진지하지 않구나."라고 말했고, 여자는 화를 내거나 서운해 하거나 토라지거나 하지 않고 역시 최선을 다해서 이렇게 말했다. "나는 그때 그런 생각이 들었거든. 그 거리로 찾아가서 푸른 사과를 파는 여자가 될 것 같았어."

이제 우리가 배심원이 되어야 한다. 앞서 갑과 을은 헤어져야 하는가. 「푸른 사과가 있는 국도」의 여자와 남자는 이별을 하지 않을 수도 있는가. 그리고, 우리 자신의, 어느 날, 차 안에서의 대화를 떠올려보자. '나는 그/녀와 헤어져야 하는가/했던가?'

이별할까, 견딜까

이만교 『결혼은, 미친 짓이다』

지금부터 하는 이야기는 위험할 수 있다. 위험한 소설로 위험한 이야기를 시작하려 한다. 그러나 이 위험한 소설은 위험하지 않은 방식으로 서술된다. 『결혼은, 미친 짓이다』에는 짐짓 딴청을 부리듯 여러 사회학적 지식을 동원하면서 먹물이 가득 찬, 그러나 깊이는 없는 이론이 수시로 삽입되기 때문이다.

그러나 이 위험하지도 않고 심각하지도 않은 이야기 진행 방식이, 제목을 읽는 순간 검열 기제를 가동했던 독자의 초자아를 방심하게 만든다. 방심한 사이 슛, 골은 들어간다. 역시, 위험하다. 그 골이란 바로 '결혼은, (어쩌면) 미친 짓이지 않을까' 하는 의구심이다. 이 소설은 결혼 생활에 '이별'을 상정하게 만들고, 결혼 제도에 '이혼'을 끼워넣게 종용한다.

분명, 모든 결혼 생활에 이별이 도사린 것이 아니고, 모든 결혼 제도에 속한 사람들이 이혼을 예감하는 것은 아니다. 하지만 자신의 항원에 대해 항체를 만들어 생기는 자가면역성 질환처럼, 결혼 생활 자체가 결혼 생활을 파괴하는 경우가 있다. 부부로서의 역할에 충실할수록 부부의 본질인 사랑은 아득해지는 것이다. 그럼에도 불구하고 아내로 살아가려고 안간힘을 쓰는 여자는 위험하다. 이별이 선명하게 예감되는 상황임에도 불구하고 이별을 하지 않는 여자는 위험하다.

위험한 어떤 여자, J를 알고 있다. J는 전혀 위험한 짓을 하지 않기 때문에 더욱 위험한데, 예컨대 서재 소파에서 웅크리고 잠을 자고, 아침에 유령처럼 일어나 밥을 챙기고, 식구들의 식사가 끝나면 스르르 부엌으로 가서 선 채로 거친 입 속에 밥을 넣는다. 가족들이 텔레비전을 보면서 몸을 뒤로 넘기며 웃고 있을 때에도 J는 집 안 어딘가에 은신한다. J가 상대에게서 자주 듣는 대사는 "당신이 제대로 된 마누라인 것 같아?"이다. 남편 역할을 충실히 해내는, 혹은 해내려는 사람이 보기에 J는 아내 역할을 잘 수행하지 못하는 것이다. 그렇다, 다만 '역할'이다. J는 이 상황 모두를 연극이라고 생각한다. 분명 대본이 없는 즉흥극이지만 어떤 긴장도 없다. 매일매일 똑같은 상황이며 똑같은 상황에서 똑같이 연기해야 하기 때문인데, 종종 그 무의미한 연기가 제 삶의 본질인 것 같아 J는 어디론가 숨는 것이다. 더 이상 연기를 하지 않아도 될 곳으로.

J가 『결혼은, 미친 짓이다』의 '그녀'와 다른가. 그렇지 않을 것이다. 『결혼은, 미친 짓이다』의 '그녀'는 아내 역이 싫을 때 밖으로 나가지만, J는 아내 역이 힘겨울 때 안으로 숨어든다. 밖으로 나가든, 안으

로 숨어들든, 남편의 시선을 벗어나는 것은 마찬가지이다. 그녀들은 딴 곳으로, 가정이라는 좁은 무대의 바깥으로 나가는 것이다. 이는 아내 역에서 완전히 벗어나기 위한 것이 아니라 아내 역을 다시 수행하기 위한 충전이다. 문제는 그녀들이 왜 아내 역할에 그대로 놓여 있는가 하는 점이다. 이건 '미친 짓'일지도 모른다. 이렇게 살면 안 된다는 것을 아는데도 여전히 그 역할을 하고 있는 자신에 대한 모멸감에서 히스테리증과 예의 그 미친 증상은 더 깊어진다.

그 '미친 짓'을 하는 그녀들은, 사실은 미치지 않았다. 자신들이 하는 그 일들이 '연기'이며, '미친 짓'이라는 것을 알고 있다. 미치지 않는 여자들의 '미친 짓', 바로 결혼 생활이다.

미치지 않는 그녀들이 미친 짓을 그칠 수 없는 까닭은 그녀들의 남편들도, 그녀들의 아이들도, 그녀와 J를 필요로 하기 때문이다. 헤어질 준비가 되지 않은 '그들'을 두고 '그녀들'은 차마 떠날 수 없다고 생각한다.

J가 결혼하고 맨 처음 한 일은 남편이 화를 낼 때의 조건들을 나열하는 것이었다. 남편에게 불쾌한 자극이 되는 사항을 잊지 않기 위해 노트에 매일매일 정리했다. 조건들은 하루하루 쌓였고, J는 그 어떤 상황에도 실수를 반복하지 않기 위해 그 항목들을 외워나갔다. 외우지 않을 수 없었다. J가 생각하기에 남편이 화를 내는 상황을 이해할 수 없었기 때문이다.

시간이 지나면서, J는 자신이 이렇게 애쓰는 것 자체가 남편을 더욱 화나게 만든다는 사실을 알게 되었다. 그녀의 조심스러움이 남편에게는 우둔함으로 인식되었고, 어떤 행동이 가장 적절한지 생각하기 위해 머뭇거리는 것이 남편에게는 기회주의로 비춰졌다. 그 어떤 것도 남편에게 긍정적으로 작용하지 않았다. 그녀가 여성성을 잃지 않으려고 외모에 신경을 쓸 때, 그것조차 남편은 천박하다 몰아붙였다.

J는 자신이 아내로서의 자격이 없는 것이 아닐까 회의하게 되었다. 남편의 곁에 있는 것이 부담스러웠고, 아내로서 어떻게 해야 하는지 언제나 확신이 서지 않았기에 그녀는 점차 아내의 역할을 잃을 수밖에 없었다. 오로지 그녀는 자신의 역할을 제대로 수행하지 못한다는 데서 생기는 죄책감으로 아내의 자리를 지킬 수 있었다.

『결혼은, 미친 짓이다』에는 이런 말이 있다. "자본주의 사회에서 이혼율은 본래 도덕성이나 부부애가 아니라 자녀 문제나 주부들의 재취업률 따위에 조절"된다고. 그리고 "타락을 막아주는 건 양심이나 도덕성이 아니라, 자기 일"이라는 말도 있다.

그렇다면 자본주의 사회에서 부부가 이별하지 않는 것은, 죄책감이며, 자녀이며, 자기 일이다. 애초에 사랑한다는 믿음 때문에 '결혼식'이라는 '이벤트'는 했지만, 정작 결혼 '생활'을 유지시키는 것은 사랑이 아니라는 것인데, 그렇다면 얼마나 많은 부부가 이별의 전조 속에서 살아갈까. '나는 언제든 당신과 헤어질 수 있다.'는 믿음만이 이혼을 유예시키고 결혼 생활을 지속시키는 동력이 되는 부부들도 있을 것이다. 서로 사랑하는 부부, 서로가 서로의 천생연분이라 생각하는 부부, 다시 태어나도 지금의 아내, 지금의 남편과 결혼하겠다는 부부도 있다. 그리고 이런 부부가 있다는 믿음이야말로 환상이며 신화라고 여기는 부부도 있다.

이런 이항대립만으로 결혼과 부부의 양상을 모두 설명할 수 없다. 수많은 변인이 결혼과 부부 생활에 작동하고 있기 때문이다. 다만 불행한 부부의 이야기만을 할 수 있을 뿐인데, 그 이유는 행복한 부부들의 이야기는 재구할 필요가 없기 때문이다. 그들은 행복해 하느라 이야기를 만들 시간이 없다. 행복은 '서사'가 아니라 '찰나'로 존재하는 것이고, 그 찰나의 반복, 행복과 다음 행복 사이의 시간이 짧을수록 그 어떤 이야기도 불필요해지는 것이다.

그런 점에서 J에게는 이야기가 따라붙고, 『결혼은, 미친 짓이다』의 그녀에게도 이야기가 만들어지는데, 그 이야기의 끝은 이별이거나 이별이 복류하는 견딤이다.

이별을 할 것인가, 이별의 증상들을 견딜 것인가, 둘 중 그 어떤 것이 절대적이지는 않을 것이다. 가족 속에 있게 되면, 있는 것이다. 가족 바깥으로 나가고 싶어진다면, 그냥 발이 가는 대로 내버려두는 것이다. 집 안에서 숨을 수 있게 된다면 나오기 전까지 숨어 있는 것이다. 가족 구성원 중 누군가 그것에 대해 비난을 한다면, 아마 그땐 몸이 또 다른 신호를 보낼 것이다.

자신의 역할이 아니라, 몸의 신호에 민감해져야 한다. 그런 것이다. 몸의 신호에 익숙해지면 되는 것이다. 지금도 집이 만드는 주름 속으로 들어가고 있는 J나, 집 밖에 있는 누군가와 조우하는 '그녀'나, 그것이 몸이 주는 신호라면, 그렇게 하자. 그것이 '그녀들'의 윤리학이다. 혹은 이 시대 '아내들의 윤리학'이라고 하면 지나친 일반화일까.

몸이 주는 신호, 그 중에는 떠남과 이별의 신호도 있을 것이다. 어떤 경우이든 몸의 신호에 전적으로 '수동적'이어야 한다. 몸의 신호를 일부러 만들려고 해서는 안 된다. 온전한 수동성만이 상황의 변인에 자동적으로, 그리고 가장 타당하게 반응하게 만들어줄 것이기 때문이다.

그러기 위해서 몸을 돌보아야 한다. 운동을 하라는 말이 아니다. 살을 빼기 위해 운동을 하는 것은 몸을 소외시키는 일이다. 파워 워킹의 호흡이 자기 자신의 몸속에서 우러나는 것이 아니라면 그것은 오히려 몸의 해호解號에 실패하는 것이다.

목적지가 없는 산-보散-步처럼, 바람 부는 대로 거니는 소풍遊-風처럼 집 안으로 혹은 집 바깥으로, 혹은 그 사이에 놓으면 되는 것이다.

『비블리오테라피』Bibliotherapy, 독서치료의 저자 조셉 골드Joseph Gold는 이혼이 불가피하다면 이혼을 해야만 한다고, 조심스럽게 건네야 할 말을 단호하게 잘라 말한다. 조셉 골드는, 결혼은 내적 압력과 외적 압력에 의해 이루어진다고 부연한다. 내적 압력이란 성적 욕망을 합법적으로 안전하게 취해야 한다고 믿는 것이고, 외적 압력이란 결혼을 통해 사회 체제를 유지해야 한다는 사회적 요구이다. 결혼이 내·외적 압력에 의해 이루어지기 때문에 나쁘다는 것이 아니다. 삶은 사실, 많은 압력에 의해 운행되기 때문이다. 삶이 압력에 의해 운행되기는 하지만, 우리가 그 압력을 느끼는 것은 아니다. 문제가 발생하는 것은 그 압력을 고스란히 온몸의 통점으로 느끼는 때이다. 다시 말해 결혼이 내·외적 압력에 의해 이루어지는 것이 문제가 되는 것이 아니라, 그 압력을 느끼게 되는 결혼 생활의 상황이 문제인 것이다.

이럴 때 이혼은 차악大惡이다. 가장 나쁜 것은 상처를 헤집는 결혼을 유지하면서 함께 사는 것이다. 우리는 살면서 최선이나 차선만을 택할 수 있는 것이 아니다. 차악을 선택할 수밖에 없는 때도 있다. 행복을 추구하는 것이 아니라, 불행을 피해가는 수밖에 없는 경우도 있는 것이다.

문제는, 이별을 잘 해야 한다는 것이다. 이혼은 결혼 생활의 실패가 맞다. 그러나 이 실패를 잘 완성해야 한다는 것도, 맞다.

이별은 왜
반복되는가

김승옥 「무진기행」

Separatus : 세퍼러투스. 이별, 분리, 헤어짐, 흩어짐을 뜻하는 라틴어.

호모세퍼러투스, 이렇게 정의한다.

Homo-Separatus :
이별하는 사람. 즉 너무 많이 생각하는 사람, 너무 많이 집착하는 사람, 너무 많이 배려하는 사람, 너무 많이 이해하는 사람, 그래서 누구에게도 이해받지 못하고 배려받지 못하는 사람, 그래서 더 사랑받으려고 애쓰고 집착하고 배려하고 이해하는 사람. 그만큼 상처받는 사람.

"개체 발생은 계통 발생을 되풀이한다." 헤켈 E. H. Haeckel의 이 명제는 '이별'에도 유효하다. 이별이라는 사건은 이별이라는 현상 속에서 수 대에 걸쳐 수많은 사람들에게 되풀이되어 일어나는 것이다. 우리에게는 모두 이별의 유전자 meme가 입력되어 있다. 그러므로 우리는 모두 호모세퍼러투스의 후예들이다.

호모세퍼러투스의 삼촌격인 호모노마드$^{Homo-nomad}$를 주장한 들뢰즈는 이럴 때 용기를 준다. 그에 의하면, 건강한 사람이란 상처받을 수 있는 가능성이 있는 사람이다. 그렇다면 호모세퍼러투스는 건강한, 보통의 사람이다.

「무진기행」의 배경이라고 알려진 순천만에서 호모세퍼러투스를 만난다. 작가 김승옥은 대학 4학년 때 결혼을 약속한 여자에게 배신을 당하고 학교를 휴학한 채 고향 순천으로 내려와 이 소설을 썼다고 한다. 아마도 그 여자가 투사된 인물은 '희'일 것이다. 소설 속에서 주인공 '윤희중'은 '희'와 4년 전에 헤어졌다고 회고한다. 그러니까 작가 김승옥은 「무진기행」을 쓰면서 자기 자신을 이별의 시점에서 4년이나 옮겨 놓은 셈이다. 그는 시간의 힘으로 실연의 상처를 극복할 수 있다고 믿었을까. 그러나 소설 속 윤희중은 다시, 무진에서 만난 '하인숙'과 이별한다. 이별의 관성이다. 그리하여 호모세퍼러투스의 계보에 윤희중을 먼저 올린다.

윤희중은 무진, 혹은 순천만의 방죽을 걷고 있다. 4년 전 한 여자와 이별한 적이 있으며, 지금도 어떤 상실감으로 힘겨워하는 듯 보인다. 그러나 이런 변두리에는 어울릴 법하지 않은 댄디 차림. 뭇 시선을 끈다. 선은 부드럽지만 완고한 고집이 있어보이는 얼굴이다. 한 번도 다른 곳으로 시선을 분산시키지 않은 채, 그는 제 생각에 골몰해 있는 듯하다. 주변에 대한 그의 무관심이 그를 더욱 주변으로부터 해리시킨다.

위의 묘사가 진담이라면 남자는 말 그대로 슬픈 사람이겠지만, 농담이라면 그는 단지 '척'하는 속물일 뿐이다. 진담이라면 1970년대 비극적 영화의 주인공이겠지만, 농담이라면 2000년대 홍상수 감독의 영화에 나오는 이중적 인물일 뿐이다.

언제부턴가 우리는 이런 부류의 남자를 희화화하기 시작했다. 그래서 「무진기행」의 윤희중도 슬픔 속에서 읽어가는 것이 아니라 실소失笑 속에서 홍상수 영화의 한 남자 캐릭터를 보듯이 훑어 내리게 된다. 윤희중은, 조금 심하게 말하는 것이 허락된다면 감상적感傷的인 댄디이고, 더 심하게 말하자면 스노브snob, 속물이다. 그는 무진에 와서 질편하게 자신의 감상을 뒤집어쓰고 도시 남자의 실루엣으로 산책한다.

그러나 우리는 여기서 멈칫한다. 왜냐하면 윤희중의 이 스노비즘snobbism이 우리 자신의 모습이기도 하기 때문이다. 윤희중은 4년 전 희와 헤어졌다. 그리고 방황했다. 그는 그때도 무진에 왔었다. 그리고 지금 또 하인숙과 이별하려고 한다. 윤희중만 누군가로부터 벗어나려고 하는 것이 아니다. 하인숙도 '박'을 외면한다. 박을 외면하는 하인숙은 '조'로부터 폄하된다.

그들은 모두 이별하는 사람, 버림받는 사람들이다. 이럴 때 이들의 스노비즘은 버림받았다는 증거를 없애기 위한 안간힘처럼 보인다. 무엇보다 그들은 자신의 욕망의 정체를 알지 못한다. 그들은 상대가 원하는 욕망을 연기演技하고 있을 뿐이다. 윤희중은 자기 아내의 욕망을, 하인숙은 윤희중의 욕망을, 박은 하인숙의 욕망을 부자연스럽게 재현한다.

 아내의 경제적 능력으로 자신의 사회적 지위가 결정되어버린 윤희중은 아내의 전보를 받고, 아내가 말한 시간보다 더 빨리, 더 서둘러 무진을 떠나 서울로 향한다. 하인숙에게 쓰던 편지는 이 순간, 찢긴다. 도대체 그에게 하인숙에 대한 욕망이 있었나, 의심스러울 정도로 그는 거의 불수의적으로 자신의 욕망을 즉각 철회하는 것 같다.

 하인숙은 어떤가. 그녀는 윤희중의 욕망뿐만이 아니라, 조와 박의 욕망까지도 재생산해낸다. 조에게는 자신의 가치를 처녀성으로 환원시켜 그를 위한 여자인 양 교태를 보이고, 박에게는 도도한 도시 여자의 이미지를 내보인다.

 이런 경우 종종 있지 않은가, 남자 셋, 여자 하나. 남자들은 서로가 서로를 모방하면서도 견제하는 짝패이고, 이들은 동시에 한 여자를 사랑한다(혹은 사랑한다고 착각한다). 그런데 이 여자, 교묘하게 그 남자들 사이를 옮겨다니면서 그 누구에게도 귀속되지 않는다. 그녀의 움직임이, 혹은 여기서 저기로의 빠져나감이 그 남자들이 그녀를 더욱 욕망하게 하는 동력이 된다. 말하자면 그녀는 그들 중 어느 누구와도 순간순간 연인이지만, 그들 중 누구도 그녀를 독점하지 못한다. 그리고 어쩌면 그들은 그녀를 독점하지 않음으로써 그 긴장 관계를 유지하는 것 자체를 목적으로 삼는 것처럼 보이기도 한다. '그녀'라는, 소유할 수 없으나 잠시 향유할 수 있는 '기호'가 있기 때문에, 그 짝패들 사이의 폭력 또한 가동되지 않는다. 관계를 유지하기 위한 관계 맺지 않기의 보이지 않는 공모. 그 속의 홍일점이 바로 「무진기행」의 하인숙이다. 다시 말해 하인숙은 조의 여자로 비쳤다가, 박의 여자로 둔갑하는 듯했다가, 윤희중에게 안기지만, 다시 미끄러지는 기표이다.

무엇보다 하인숙은 '무진'에도 속하지 않는다. 그녀는 서울로 돌아가고 싶어 하며, 하물며 윤희중에게 서울에 데려가달라고 요청하기까지 한다. 그러나 이 요청 또한 스스로 회수하는데, 윤희중에게 다시 서울로 가고 싶지 않다고 무진에 있는 동안만 그와 관계를 맺고 싶다고 말하는 것이다.

조가 성관계를 요구할 때에는 결혼을 약속하지 않았다는 이유로 거절하고, 박에게는 꾸준히 연애편지를 받고(학교라는 한 직장에서 한 통의 연애편지가 아닌, 지속적인 연애편지를 받았다는 것은 어떤 식으로든 하인숙이 박에게 편지 수락의 전언을 보냈기 때문일 것이다), 박에게서 받은 연애편지를 조에게 보여줌으로써 박과의 관계를 가볍게 만들어버린다.

이런 긴장된, 금방이라도 깨어질 듯한 관계가 견고할 수 있는 까닭은 '조, 윤(윤희중), 박'의 삼각형 구도 때문이다. 조는 서울에서 성공한 윤을 질투하고, 윤은 조에게서 자신의 속물성을 발견하는 동시에 외면하며, 박은 조의 허영을 비난하는 듯하지만 무진의 유일한 '도시녀'인 하인숙에 대한 욕망을 숨기지 못한다. 그리고 이들은 하인숙이라는 이미지를 어떤 식으로든 전유하는데, 이 때문에 '하인숙'의 의미는 하나로 고정되지 않는다. 하인숙은 마치 텅 빈 기호와 같아서 어떤 의미로도 채워질 것 같은 여자이다.

그리하여 하인숙은 그들의 욕망의 대상, 그 자체가 될 수 없다. 이들 짝패의 우열을 가리기 위한 '임의적인 대상 a'$^{\text{objet petit a}}$에 지나지 않는다. 그렇기 때문에 둘 사이의 경쟁이 커지면 커질수록 대상의 속성은 점점 무가치한 것이 된다. 경쟁자들의 고요한 난투극 속에서 애초의 대상 a는 찢어지고 너덜너덜해진다. 하인숙은 부자와 결혼하려는 속물이 되거나 처녀성을 유일한 재산으로 삼는 초라한 여자가 되는 것이다.

그러나 정작, 하인숙 자신의 욕망은 무엇인가. 그녀는 무진을 떠나 서울로 가고 싶어 하지만, 결코 무진을 나서지 못할 것이다. 무진에서 그녀는 매혹적인 이방인일 수 있지만, 서울에는 무수한 '하인숙들'이 있기 때문이다. 그녀는 마치 마담 보바리처럼 도시 상류 계급의 체화된 습관^{habitus}을 제 몸에 배선하고 싶어 하지만, 마담 보바리가 그랬듯이 그것은 충족될 수 없는 욕망일 뿐이다. 하인숙은 『나비 부인』이라는 오페라 디바의 아리아 「어떤 개인 날」을 부르지만 그녀는 그 '디바'의 운명이 아니라 '캐릭터 나비 부인'의 운명에 가까울 것이다. 그래서 그녀의 입에서는 곧잘 「목포의 눈물」이 나올 수밖에 없다.

그녀의 욕망은 애초에 상실이 예비되어 있다. 채워질 수 없는 욕망의 심연에는 우울이 고여 있다. 아무도 그녀를 디바로 호명하지 않는다. 자신을 디바로 호명해줄 계급의 남자가 될 수 있는 '조'는 그녀를 「목포의 눈물」로 표상하고, 윤희중은 서울에 있는 '아내'의 호출에 모든 것을 정지시키는 제대로 된 분열자일 뿐이다. 박은 하인숙의 세속적 욕망을 충족시켜줄 수 없는 사람이다.

따라서 그녀의 수행은 늘 실패로 끝난다. 그녀가 부르는 「목포의 눈물」에 「어떤 개인 날」이 그림자처럼 드리워지고, 그녀가 윤희중 옆에서 읊조렸던 「어떤 개인 날」에 「목포의 눈물」이 환기되었던건, 그녀가 연기한 모든 캐릭터가 그녀 자신이 아니었기 때문이다.

그리하여 윤희중과 하인숙은 다시 호모세퍼러투스의 자리로 돌아간다. 그들의 만남은 이미 이별의 전조로 시작된 것이었다. 여기서, 호모세퍼러투스의 개념에 또 다른 자질이 부가된다.

호모세퍼러투스:
자신의 욕망을 알지 못하고, 타자의 욕망이라고 생각되는 그 어떤 점을 재현하는 사람. 그러나 그것은 정작 어느 누구에게도 귀속되지 않은 욕망이었으므로, 출처 없는 욕망은 버려지고, 욕망이 버려지듯 자신도 버려지는 사람.

그러므로 연인의 욕망을 연기演技하는 것은 이별의 예고편일 수 있다. 먼 바다 소리와 온몸을 젖게 하는 습기, 뭇 생명들의 냄새가 자욱한 곳에서 만난 하인숙이라는 몸을 윤희중이 끝내 지키지 못한 것은, 아내라는 물신物神의 검열에서 자유롭지 못했기 때문이다. 그 검열이, 혹은 그 초자아의 감시가 자신의 욕망을 억압했기 때문이다.

하인숙도 마찬가지. 그녀가 디바와 유행가 가수 사이를 오가듯, 윤과 조와 박의 욕망을 번갈아가며 삼류 배우처럼 연기했기에, 그녀는 언제나 이별하는 자가 될 수밖에 없었던 것이다.

그러나 누구라서 자신의 욕망을 제대로 알 것인가. 누구나 초자아의 검열을 받고 있다. 자아는 언제나 초자아와 이드^{id}의 중개에 실패한다. 사랑을 한답시고 연인의 욕망을 욕망할 뿐, 자신의 욕망을 돌보지 않는다. 상대의 욕망을 욕망할 때, 실상 그 욕망은 어느 누구의 욕망도 아닌 것^{nothing}. 그래서 우리는 타자의 욕망을 욕망하는 배우들일 뿐이다. 그 타자의 욕망을 욕망하는 그것을, 혹시 사랑이라고, 배려라고 생각하고 있지는 않은가.

너를 위한
나와의 이별

김동리 「역마」

    이별은, 이별한 자를 어디론가 떠나게 한다. 그리고 그 떠남은 이별의 상황으로부터의 도피도 아니고, 자신을 떠난 사람으로부터 다시 떠나기 위한 것도 아니다. 그것은 과거 그/녀를 사랑했던 자기 자신으로부터의 떠남이다. 자기 자신으로부터 도주하는 것은 끝이 없다. 하지만 전혀 못 할 일도 아니다. 아니, 할 만한 일이다. 이런 경우 딜레마 자체가 길이 되기 때문이다. 그/녀와 살 수도 없고 그/녀와 살지 않을 수도 없을 때, 자기 자신으로부터 도주하는 그 길 하나이므로, 다른 선택이란 없다.

    「역마」의 주인공 '성기'는 '계연'을 잊으려고 떠난다. 이렇게 보면 소설은 진부하고 통속적이다. '화개장터'라는 곳을 공간으로 설정했기 때문에 쉽게 풀리는 이야기이기도 하다. 화개장터는 옛날엔 그러니까 화개장이 5일장이었을 때엔, 떠나는 사람들이 잠시 머무는 장소, 다시 떠날 힘을 비축하기 위해 잠시 몸을 기대는 장소였을 것이다. 그런 곳에서 사랑은 그냥 '흐름'이다. 흐르는 사람들 노마드들에게는, 그 흐름 자체가 사랑의 유동적인 진원이 된다.

화개장터는 찰나의 사랑이 있었던 곳이기도 하다. 그 옛날 '옥화의 어머니'와 과거에 남사당패였지만 지금은 체장수가 된 남자와의 하룻밤과 '옥화'와 유랑하던 승려와의 한순간의 인연, 그리고 지속될 수 없는 성기와 계연의 사랑까지.
체장수도 옥화 어머니를 두고 떠났고, 승려도 옥화를 두고 떠났다. 체장수는 떠나면서 옥화를 남겼고, 승려도 떠나면서 성기를 있게 했다. 계연조차 체장수가 어딘가 그 흐름 중에 얻은 딸이다.

그 흐름은 때로 섞이기도 해서, 옥화의 아들 성기와 옥화의 아버지인 체장수가 낳은 이복딸 계연이 서로 사랑하게 된다. 물론, 처음엔 계연이 성기의 이모라는 것을 모른 채 사랑이 시작된다. 그리고 그 사실을 역시 알지 못한 채 이별한다. 이유를 알지 못하는 이별이기에, 그것은 더욱 절박한 사랑에 편입된다. 그리고 끝내 알지 말아야 했던 진실일 수도 있다. 그러나 어떤 진실은 집요해서 끝내 자신을 드러낸다. 성기는 자신이 사랑한 계연과의 혈연 관계를 알게 된다.

그 사실에 대한 앎은 사랑을 불가능하게 한다. 이제 진정 이별인 것이다. 이별이었기에, 성기는 떠날 수밖에 없다. 그에게는 떠남이 '일상'이다. 노마드에게는 정주定住가 일상이 아니라 유목이 일상이므로, 사랑하고 이별했으니 이제 다시 일상으로 돌아가야 한다. 그 떠남은 계연을 잊기 위한 것이기도 하고, 계연을 잊어야 하는 현실에 대한 환멸 때문이기도 하다. 그리고 환멸에도 불구하고, 사랑을 좇지 못하는 자기 자신으로부터의 떠남이기도 하다. 하지만, 그렇다고 이것이 삶에 대한 절망이나 좌절이라고 말할 수는 없다. 노마드는 궁극적으로 자기 자신으로부터 떠나는 존재이기 때문이다. 자아로부터의 떠남이야말로, 노마드의 삶이기 때문이다.

한 가지 첨언해야 할 것이 있다. 계연은 어떤 상태로 남겨졌는가. 계연은 이유를 모른 채 성기와 헤어져야 했다. 그러므로 고통은 성기의 것이 아니다. 계연의 것이다. 계연은 혈연에 따르자면 성기의 이모임에도 불구하고, 성기에게 끝내 '오빠'라고 불렀다. 그리고 여전히 성기를 '오빠'로 생각하며 그리워할 것이다.

굳이 '이별'離別과 '작별'作別을 구분할 수 있다면 성기는 작별을 할 수 있었던 것이고, 계연은 이별을 당할 수밖에 없었던 것이다. 성기는 이별의 필연적인 이유를 알게 되었기에 떠날 수 있었던 것이고, 계연은 이유를 알지 못했기에 떠나도, 떠나는 것이 아니었다.

도시녀의
실연과 사랑

정이현 「낭만적 사랑과 사회」

"나는 사랑받는다, 고로 존재한다."

이런 느낌은 늘 상주하지 않는다. 사랑받고 있다는 이 느낌은 자주 도래하지도 않는다. 게다가 이별 직후라면 사랑받던 자신이 온 데 간 데 없어지기 때문에 자기 자신의 현재 모습, 즉 사랑받지 않고 있는 모습과 생생하게 대면하게 된다.

그래서 이별한 자들은 때때로 사람들 사이에 섞이기 위해 빛나는 도시의 중심으로 간다. 자기 자신을 찾기 위해서가 아니라, 잊기 위해서 사람들 더미 속에 함께 엉키는 것이다. 수많은 상품들이, 그 상품들을 분주히 고르는 손들이, 남과 자신을 비교하는 시선들이, 도시의 거리에 넘쳐난다.

그 소비의 손과 시선들이 도심에만 있는 것은 아니다. 텔레비전 속에도, 인터넷망에서도 소비의 욕망은 거대하게 부풀어 있고, 욕망만큼 결핍감도 커진다. 이별한 자들은 자신의 결핍을 채우기 위해서 자기 자신에게 선물을 한다는 명목으로, 물건을 마치 남획濫獲하듯이 사들이기도 한다.

산책을 해도, 텔레비전을 켜도, 인터넷 브라우징을 해도, 상품들의 콜라주가 언제나 눈앞을 흘러간다. 스펙터클은 언제, 어디서든지 나타난다. 소비를 부추기는 사회이다. 소비의 화려한 환등상幻燈想은, 우리를 '소비하는 인간' Homo-consumus 으로 재탄생시킨다. 그렇다고, 혹자들이 유포하듯이 "나는 소비한다, 고로 존재한다."는 아니다. 오히려 "나는 소비한다, 그래도 나는 존재하지 않는다."가 더 맞다. 나는 통화하고, 접속하고, 만나도, 여전히 나는 존재하지 않는다는 자의식만이 우리의 유일한 존재감의 양식이 아닐까.

사실 우리는 낭비하는 인간이다. 충족을 위해 낭비하고, 그래도 충족되지 않아서 낭비를 멈추지 못하는 인간이다.

이럴 때 칙릿chick-lit이 읽힌다. 묘한 환지증을 안기는 소설 장르. 환지증이란 사고로 팔다리를 잃었으면서도, 그 없어진 팔다리에서 감각을 느끼는 증세이다. 칙릿을 읽을 때 그렇다. 이런 일 없었는데, 마치 있었던 것 같은 느낌이 소설 행간에 찍힌다. 자신이 억압했던 어떤 것이 되살아나는 느낌이.

정이현의 「낭만적 사랑과 사회」를 읽어도 그렇다. 소설은 이렇게 시작된다. "나는 레이스가 달린 팬티는 입지 않는다." 이유가 무엇이라고 생각하는가. 다음 문장이 답변을 대신한다. "고무줄이 헐렁하게 늘어나고 누렇게 물이 빠진 면팬티는 말하자면, 나의 마지막 보루다." 왜 누런 면팬티가 마지막 보루라고 하는가. 누런 면팬티는 남자에게 보일 수 없기 때문이다. 다시 말해, 누런 면팬티는 남자 앞에서 끝내 옷을 벗지 않게 만들기 때문이다. 왜 옷을 벗으면 안 되는가. 처녀성을 지키기 위해서이다. 왜 처녀성을 지켜야 하는가. 처녀성을 바쳐야 할 남자를 위해서이다. 처녀성을 바쳐야 하는 남자는 어떤 남자인가. 자신을 신분상승 시켜줄 남자이다.

소설 속 주인공 '유리'는 두 명의 남자를 만나고 있다. 키스는 잘 하지만 차가 없어서 실격인 '상우', 키스는 못 하지만 스포츠카가 있는 '민석', 그러나 그 둘은 아직 아니다. 유리는 부잣집 아들을 만나야 한다.

너무 속물인가. 그러나, 유리처럼 계급상승을 위해 십계명을 만든 적은 없으나 왠지 그 비슷한 것을 감행했었던 것 같고, 그/녀와의 관계를 유지하기 위해 신체를 얼마나 노출할 것인가 그 수위를 정한 적은 없으나 유리의 그런 전략이 낯설지 않고, 그/녀가 나에게 부여한 특정 이미지를 따르기 위해 강박증적으로 토털코디 같은 것은 안 했던 것 같은데 나의 외모 코드에서 타자의 명령이 감지되는 것 같기도 하고, 스포츠카를 가진 연인을 바란 적은 없으나 그런 차에 오르는 어떤 사람을 멍하니 본 적이 있는 것도 같고, 결혼 따로 연애 따로 대놓고 갈라놓은 적은 없으나 유리의 속물적인 모습에서 연민을 느끼지 않는가.

발터 벤야민Walter Benjamin의 말처럼 물신화에 의해서 상품이 육체가 되고, 매매춘에 의해서 육체가 상품이 되는 세상이기 때문이라고, 유리는 그 남자가 걸친 물신을 그 남자로 볼 수밖에 없고, 자신의 몸으로, 처녀성으로 마케팅할 수밖에 없지 않느냐고 그녀를 변호한다. 변호인이 된 것 같을 때, 양립 불가능한 모순된 감정으로 어리둥절해진다. 선망과 수치, 모멸과 환희, 냉소와 동일시가 교차된다.

이건 칙릿에 대한 분열증적 반응이다. 우리는 칙릿에 대하여 과도한 감정이입이나, 대리만족으로 판타지에 젖어 버리는 몰입형 독서를, 하지 않는다. 대신 '나는 왜 이 소설이 재미있다고 여기는가'를 의심한다. 그러면서 메타적 사고를 하기 시작한다. 소설을 읽고, 그 소설을 읽고 있는 자신을 읽는, 이른바 이중독서이다.

그러니 어떤 평자의, 칙릿 소설은 후기자본주의 사회 여성 노동자의 모습을 보여준다는 진단과 이 소설이 아무리 일을 해도 자립할 수 없는 자신들의 처지를 위무해준다는 평가도 거의 몰입형 칙릿 독자들에게만 적용되는 평가이다.

칙릿 독자와 된장녀를 동일시하는 발상은 몇 번의 재고를 요한다. 칙릿 독자는 된장녀가 아니며, 된장녀도 된장녀가 아니다.

국립국어원에서 국어순화의 명목으로 번역한 '꽃띠 문학'이란 명명도 이중독서, 즉 분열증적 독서 행태를 소외시킨다. 그러나 칙릿, '젊은 여성'이라는 다의성을 가진 용어를 '꽃띠'라고 번역하는 것은, 그것도 충분히 유치한 소녀 취향의 뉘앙스를 강하게 드리운 '꽃띠'라는 어휘는 칙릿이라는 장르 소설에 대한 정당한 장르명이 될 수 없다. 꽃띠 문학에 완전히 부합하는 텍스트도 있을 것이다. 그러나 어떤 여자아이가 마냥 꽃띠일 수 있을까. 지금의 꽃띠들은 도리어 루저loser 세대로 분류되지 않는가.

   속물 문화와 루저 문화는 연동한다. 명품 문화와 짝퉁 문화가 하나이듯이, 순결 이데올로기가 성문란의 이면이듯이, 신경숙의 소설 『엄마를 부탁해』를 읽는 세대가 은근히 막장드라마를 보듯이.

   칙릿에 대한 팬덤fandom은 너무 살 것이 많고, 너무 즐길 것이 많아서 항상 결핍감에 시달리는, 그래서 스스로를 루저 문화에 종속시키는 20대 전후 세대의 분열증적 증상 중의 하나이다. 물신의 비용으로 결핍감을 지불하고, 자신의 시뮬라크르 지수를 올리기 위해 인증된 외모를 추적하는 세대의 증상이다. 또한 이 세대는 이렇게 애를 써도 결국 자신을 소모시킬 뿐이며, 자아-마케팅이 성공하지 못하리라는 것을 알면서도 배팅한다. 그것 말고는, 할 일이 없기 때문이다.

   어떤 20대들은 생산의 주체에서, 소비의 주체에서, 이제 소비의 대상이 된다. 그러니 명제를 다시 바꾸자, "나는 소비 '된다', 고로 존재한다." 이것이 칙릿과 루저 문화가 동연되는 이유이다.

   자신을 팔아야 하는 유리는 피로하다. 성관계를 연기延期하느라 피곤하고, 관계를 연기演技하느라 피곤하다. 이 모든 것이 자신을 마케팅

하기 위한 광고 전략, 판매 전략이었으나 제대로 판매가 된 것인지 스스로도 판단하지 못한다. 그 판매 전략의 정점이었던 남자와의 첫 성관계를 가진 후 유리는 당황스럽다.

아무것도 없다! 타월 위에는 한 점의 핏자국도 남아 있지 않다. (…) 나는 입술을 깨물고 시트 위에 천천히 커버를 덮는다. 그의 목소리가 귓전에 먹먹하다. "너 되게 뻑뻑하더라."

주차장까지 걸어 나오는 동안 그는 내 손을 잡아 주지 않았다. (…) "참. 줄 게 있었는데. 잊어버릴 뻔했네." (…) 짝퉁이 아닌 진짜 명품을 갖는 것은, 난생처음이었다. "비싼 거 아니니까 부담 갖지 마. 면세점에서 그냥 하나 사났던 거야." 높낮이가 없는 목소리였다. (…) 나는 루이뷔통 쇼핑백 위에 가만히 손을 얹어 보았다. 순간, 맹렬한 불안감이 솟구쳤으나 곧 가라앉았다. 집에 가자마자 보증서를 확인해보면 될 것이다. 그리고 설마 면세점에서 '진짜 짝퉁'을 취급할 리는 없을 것이다. 조용히 운전에 몰두하고 있는 그의 옆얼굴이 어쩐지 낯설게 느껴져서, 나는 마음속으로 황급히 고개를 저었다. 아니다. 아니다. 누가 뭐래도 그는 내가 사랑하는 사람이다. 우리는 서로, 사랑하는 사이다.

소설 「낭만적 사랑과 사회」는 온통 짝퉁인 세상에서 자신만은 명품이 되기 위해 진짜 같은 짝퉁을 들고 다니다가 진짜 짝퉁이 되는 여자아이의 루저 인생담으로 평가할 수 있다. 낭만적 사랑을 빙자해 결혼이라는 페티시를 얻기 위한 처세와 그 부작용을 결집한 보고서이며, 몇 개의 문화 아이콘으로 자신의 정체성을 조립하여 시장에 내놓았던 여자아이의 삶이 결국 감가상각 되어가는 아이러닉한 이야기이라고. 그리고 우리는 이것이 현실일지도 모른다고 씁쓸해하는 것이다.

자본주의에 살면서 자본주의에 휘둘리고 싶지 않다고 생각하면서 우리는 자본주의의 미美를 따르고, 자본주의의 성공담을 부러워하며, 자본주의의 부조리에 자신이 갇혀 있다고 느끼면서 박탈감을 느낀다. 자본주의는 우리의 일상을 재단하는 물신物神 이상의 신神인 듯 여겨진다. 어쩌면 자본주의적 삶을 냉소하는 것만이 겨우 자본주의에서 살 수 있게 만드는 것은 아닐까.

사랑에서도 그러하다. 자본주의에서의 사랑은 탈자본주의적이어야 한다. 자본주의에 대한 저항이 아니다. 자본주의식이라면 유리처럼 화려한 호텔에서 사랑을 나누는 것이 그 사랑에 대한 예우처럼 보이겠지만, 탈자본주의식이라면 그 장소의 환산적 가치는 그렇게 중요하지 않다. 자본주의식이라면 연인의 몸은 역시 수치적으로 계량화된 몸이 아름다운 것이겠지만, 탈자본주의식이라면 연인의 몸은 결코 수치로 환원되지 않는다.

예컨대 「낭만적 사랑과 사회」에서는 성관계 후에 마치 상대에 대해 모든 것을 다 알았다는 듯한 태도를 보인다. 그리고 성관계 이전에 낭만적이지만 상투적인 찬사의 대상이었던 몸은 관계 후 그저 수많은 몸 중의 하나로 폄된다. 그러나 탈자본주의식이라면, 연인의 몸은 영영 미개척지이다.

연인이라는 미개척지에서 나는 감각의 촉수를 세운다. 시각, 그/녀를 본다. 후각, 그/녀를 맡는다. 청각, 그/녀를 듣는다. 촉각, 그/녀를 만진다. 미각, 그/녀와 혹은 그/녀를 먹는다. 공감각, 그 모든 감각을 전이시키고 통합시킨다.

어찌 생각하면, 그/녀의 눈이 아름다운 것이 아니라, 그/녀의 눈이 고요한 소리를 내는 것이다. 그/녀의 목소리가 듣기 좋은 것이 아니라, 그/녀의 목소리가 나를 간질이는 것이다. 그/녀의 냄새가 매혹적인 것이 아니라, 그/녀의 향이 나를 외롭게 하여 그/녀에게 더 다가가게 하는 것이다.

그래서 그/녀를 원시의 몸으로 대해야 한다. 사회화되지 않은 눈과, 학습으로 얼룩지기 이전의 귀와, 사전적 명료함을 갖기 이전의, 혹은 어휘로 정착될 수 없는 음향으로 그/녀를 만져야 하는 것이다.

연인은 더욱 미지의 풍문이 된다. 언제나 사랑에 관해 부정적인 말들을 아름답게 했던 지젝S. Zizek은, 연인은 그/녀가 요구하는 것을 가지고 있지 않기 때문에 줄 수 없고, 역설적으로 그 연인이 그것을 갖고 있지 않기 때문에 그/녀는 계속 연인에게서 그것을 탐색하고, 또 그것의 탐색 과정이 사랑이 된다고 했는데, 그럴지도 모른다.
하지만 사랑이란 어차피 그/녀와 나 사이에서 새롭게 만들어지는 것이다. 그/녀에게 있다고 생각하고 탐색하면 어느새 그것이 그/녀 안에서 생성될 수도 있고, 그/녀에게 없다고 생각했던 것까지 어디선가 발아하여 내 앞에 놓일 수도 있다.

연인은 신비의 장소이다. 우리는 그 연인에 대한 탐험가가 되어야 한다. 그래서 이 세상 모든 연인들은 이미 자기가 알고 있는 지식을 그/녀에게 적용하는 사람이 아니라, 자신도 모르는 것, 아무도 모르는 것을 찾아 헤매는 사람이어야 하는 것이다.

술집에서는
흥얼거려야 한다

이청준 「이어도」

이별한 자들, 호모세퍼러투스들의 증상: 술이 늘고, 술이 잦다.

술집이야말로 호모세퍼러투스들이 찾는 순례지가 아닐까. 마치 이별한 후의 잔류 감정 같은 약간의 에로틱한 분위기, 즐겨도 괜찮지 않을까. 술집은 이별한 자가 리비도를 회수하기 위해 들르는 공정소이다. 부끄럽지만 취기를, 사랑이 유지될 때의 호르몬인 도파민처럼 느끼려 할 때도 있다. 역시 자기기만이다. 하지만 이별의 상처를 앓는 환자로서, 그 정도 자기기만은 스스로에게 허용해줄 수 있지 않을까.

술잔을 기울인 손목은 125도쯤 둔각. 손가락의 근육은 딱 술잔을 들 정도만큼만 가동. 그래서 술잔의 위치 에너지와 손가락, 손목, 팔로 이어지는 미세한 에너지는 잉여 없이 완벽하게 하나가 된 상태.

술잔은 그러므로 이별한 자의 페티시가 된다. 그/녀를 만졌던 손가락은 이제 술잔 위에 가지런하게 놓이고, 이별의 에티카^{Etica, 윤리학}가 시작되는 것이다.

술집에서는 자신이 무언가를 감추고 있다는 사실을 은연중 드러낼 수도 있다. 평소 우리의 은폐 전략은 완벽해서, 무언가를 감추고 있다는 것까지 감춤으로써 매우 이성적인 사람으로 인정받지 않는가. 그러나 술자리에서는 자신이 상처 받았다는 사실을 알릴 수 있다. 상처를 받았다는 것을 감추고 있는 것을 드러냄으로써.

이럴 때, 마음이 조금 불수의근처럼 떨려도 괜찮다. 함께 술자리를 한 사람과 약간이라도 에로틱한 분위기가 만들어진다면, 어쩌랴, 그 분위기에 기댈 수밖에. 다시 말하지만 그/녀에게 기대는 것이 아니라, 그 분위기에 잠깐 휴식을 취하는 것이다. 술이 온몸에 아우라를 만드는 기분을 받아들이면서, 이별로 인해 탕자가 된 자신을 천천히 다시 되돌리는 것이다.

어느 아이돌 그룹처럼 후크송을 부르면 어떨까. 예컨대, '지지지지 베이베베이베 지지지지 베이베베이베' 하면, 그것도 재생속도를 늦춘 듯이 불러보면, 예컨대 이렇게 '지-지―지-지――베이-베-베이――베…….' 그러면, 묘한 공명이 몸의 리듬을 교란시킬 것이다. 음울한 록 버전으로 부른다면, 청각적 환각제처럼 느껴지기도 할 것이다. 절망감이 서려 있지만, 유체이탈의 나른함까지도 기대해볼 수도 있을 것이다.

소설 「이어도」의 '여자'도 그러했다. '이엿사나, 이어도사나 이엿사나 이어도사나.'

원래 '이어도요'는 노동요였다. 그러나 그 민요를 웅크리고 앉은 한 여자가 혼자서 중얼거릴 때, 혹은 어둠 속에서 한 남자 곁에 누운 여자가 낮게 읊조릴 때, 그것은 힘차고 분명한 노동요가 아닐 것이다. 오히려 옹알이처럼, 숨결로서의 말이며, 가공되지 않은 날 상태의 탈통사적인 기호일 것이다.

이어도요는 아이돌 그룹의 후크송처럼 유혹의 노래가 아니다. 아이들 그룹이 유혹의 몸짓을 하면서 '롤리타'처럼 노래를 부른다면, 이어도 여자는 이별의 상황에서 몸의 정적 속에서 위무의 노래를 부르는 것이다.

제주도엔 이어도 전설이 있다. 이어도는 죽으면 간다는 피안의 섬이다. 뱃사람들이 바다를 나갔다 돌아올 수 없게 되면, 그들은 마침내 이어도로 갔다고 믿으며 안도한다. 이어도로 가서 이어도의 행복을 누리게 된 거라고 믿는 것이다. 그렇기 때문에 제주도 뱃사람들은 그들의 위험스런 뱃길을 이어도로 위로받으며 두려움 없이 배를 타고 바다로 나갈 수 있었다.

소설 속 주인공 '천남석', 그의 아버지 또한 그러했다. 뱃사람이었던 아버지는 바다로 나가서 돌아오지 않다가 어느 날 집으로 와서 "이어도를 보았다."고 말한다. 그리고 폐인처럼, 정신이 나간 사람처럼 몇 날을 보내다가 다시 바다로 나가 돌아오지 않는다. 천남석에게 남아 있는 어머니는 늘 이어도 노래를 부르며 남편을 기다리는 모습이었다. 그렇게 소설 속에서 처음 후크송을 부르는 여자는, '천남석의 어머니'이다. 그의 어머니는 남편이 떠나고 난 다음, 반복되는 파도 소리에 얹혀 이어도 노래를 불렀다. 어머니의 가히 주술적인 이어도요를 들으면서 자란 천남석은 역시 이어도요를 부르는 '이어도 술집의 여자'에게로 향할 수밖에 없었다.

천남석은 그렇듯 이어도와 함께 살았고, 언제나 이어도를 벗어나려고 했으며, 벗어나려고 할수록 이어도에 더 몸이 묶였다. 그리고 언제나 떠남 속에서 만나고, 이별의 징후 속에서 사랑을 할 수밖에 없었으리라.

이어도요는 축귀의 시 같다. 끝없이 반복되는 노래, 처음과 끝이 순환하여 제의적 주문처럼 들리는 노래이기 때문이다. 노래 가사는 무력하고 구체적인 이미지조차 없으나, 오히려 그 때문에 끊임없이 사람을 미혹케 하는 노래, 헤매게 하는 노래이기 때문이다. 이것은 바로 세이렌의 노래가 아니던가. 그래서 여자의 입에서 흘러나오는 그 암호 같은 노래에 천남석은 마치 환각 상태에 빠져 있는 듯 보인다.

소설은 천남석의 실종으로부터 시작된다. 천남석은 기자이면서, 이어도 혹은 파랑도 수색 작전에 참여한다. 그의 이어도 수색 작전은 그 노래로부터 시작된 것이다. 천남석은 세이렌의 노래에 이끌리듯이, 바다로 들어갔다. 그러나 그는 그 노래의 유혹에 빠지지 않기 위해 오디세우스처럼 자신의 몸을 결박하게 하지는 않는다. 그는 기꺼이 바다로 들어가 이어도 노래의 환각에 빠진다. 그리고 다시 제자리로 돌아오는 후크송이라는 회문回文처럼, 천남석도 다시 귀소한다. 제주도로부터 이어도 탐사를 벌이던 기자 천남석은 바다에서 실종되었지만 그의 시신은 제주도에서 떠오르는 식으로 말이다. 그러니 소설의 서사 자체도 후크송이다. 반복이다.

천남석의 이어도 탐사도 최종 목적telos을 지향한 것은 아닐 것이다. 탐사의 주체가 주체이기를 거부하고, 탐사의 목적도 그 목적을 거부하기 위한 것이었기 때문이다. 천남석의 제안으로 이어도 탐사가 시작되었고, 또 그의 죽음으로 미완으로 그친다. 탐사를 그치기 위한 탐사, 그것은 이어도에 대한 천남석의 이중구속으로부터 시작된 것이다. 이어도를 떠나야 한다고 생각할수록 그곳을 떠날 수 없게 되는 이중구속 상태 말이다.

천남석이 섬 이어도에 대해 이중구속되어 있듯이, '이어도 여자'에 대해서도 마찬가지이다. 섬 이어도가 천남석에게 모호한 것이듯이, 이어도 여자도 아마 천남석이 껴안을수록 그 가슴 바깥으로 미끄러지는 여자였을 것이다. 섬 이어도처럼 누구나 믿지만 실체를 그 누구도 말할 수 없고, 이어도요처럼 어떤 자리를 맴돌듯이 반복되지만 결코 붙잡히지 않는. 그는 끊임없이 여자에게 제주도를 떠나라고 하면서도 그녀로 하여금 떠날 수 없게 만든다. 혹은, 여자가 떠나지 않으리라는 것을 알면서 그녀더러 계속 떠나라고 주문한다.

게다가 천남석은 이어도 여자를 마지막으로 만나면서 자신이 섬으로 돌아오지 못할 경우, 자신에 대한 소식을 맨 처음 전해주는 사람에게 안기라고까지 한다. 이어도 여자는 천남석과 함께 수색 작업에 나

섰고, 실종 전 마지막 밤을 함께 한 중위 '선우현'에게 몸을 내어준다. 그것 또한 이미 천남석이 예정한 것이었다.

말하자면, 천남석에게 그녀는 히멘^{Hymen}이다. 결혼과 처녀막을 동시에 의미하는, 그리하여 고착된 의미를 갖지 않는 히멘. 천남석은 히멘 앞에서 금욕적 관능과 관능적 금욕 사이의 긴장을 견뎌야 했을 것이다.

소설 「이어도」를 원작으로 한 김기영 감독의 동명 영화에서는 이어도 여자의 히멘적인 성향이 더욱 강해진다. 천남석은 이어도 여자에게 이렇게 말한다.

"술집 여자이면서 아직 처녀인 게 놀랍군."

술집 여자이면서도 처녀인 히멘이기에, 이어도 여자에게 천남석도, 천남석 이전의 남자도, 천남석 이후의 남자도 모두 첫 남자이다. 천남석과의 이별에서 흘러나온 잔류의 감정은 다음 남자, 선우현에게 이월되고, 다시 그녀는 새로운 관계를 짓는 것이다. 술잔을 기울이면서, 술집의 아우라에 취해서, 후크송을 부르면서.

■ 이별자의 장소 1 – 술집에서

어떤 술집이라도 그것은 미시감未視感, jamais vu을 동반한다. 한 번도 와본 적이 없는 것 같은 이물감, 그리고 설렘. 그것이 술집을 들어설 때의 감흥이다. 입술이 점점 더 술에 젖으면서 우리의 영혼은 점차 유연해진다. 술은, 이성의 천적이다. 검열 기제는 흐릿해지고, 그만큼 스스로에게 관대해진다. 술집에서라면 진실해질 수 있을까. 아니다, 좀더 편안한 가면을 쓸 수 있을 뿐이다. 좀더 자신에게 맞는 가면으로 바꿔 쓸 수 있을 뿐이다. 술집에서 조금 더 쉽게 사랑을 고백하거나, 조금 덜 힘겹게 상처를 드러낸다.

술집에 대한 장소애場所愛, topophilia는 이렇게 하여 주조된다. '이곳'에서 자신의 가면이 약간은 더 가벼웠기에 '이곳'을 향한 그리움을 갖게 되는 것이다. 그렇게 술집은 일상의 짧은 여행지가 된다. 이별한 자를 유혹하는 여행지이며, 이별한 자들이 노골적으로 이별의 상처를 드러내는 아픔의 집결지가.

"술은 마음을 돌이키게 하는 성분이다. 어떠한 대상에서 그 반대의 것을 끌어내고 그 상황과 상태를 전복시켜버린다."라는 롤랑 바르트Roland Barthes의 말은 과장이다. 술은 전복의 힘이 없다. 다만, 전복의 가능성을 꿈꾸게 할 뿐이다. 술집은 이별한 자들에게는 상실감을 떨칠 수 있으리라는 믿음을 주고, 구애하는 자들에게는 사랑을 이룰 수 있으리라는 만용을 허용한다.

어떤 술집을 사랑하는가. 음악이 좋은 집? 분위기가 아늑한 집? 마담이 아름다운 집? 아니다. 우리가 사랑하는 술집은, 사랑하는 사람을 마음껏 사랑할 수 있었던 곳이며, 연인을 끝내 보내지 못해 술과 함께 그/녀를 자기 몸속으로 삼켜버린, 그 언젠가의 술집이다.

이별했다면, 이별 때문에 술집을 찾았다면 우선 휴대전화기를 치워야 한다. 전화기는 소통의 창구가 아니라 소통 욕망의 증거물이다. 전화기로 소통하는 것이 아니라, 전화기로 자신의 소통 욕망을 확인할 뿐이다. 그러므로 휴대전화기를 가지지 않는 사람은 자신이 누군가와 '연결'되고 싶어 하는 욕망 자체를 인정하고 싶지 않기 때문이기도 하다. "나는 휴대전화기가 없다, 고로 나는 혼자라도 괜찮다."인 것이다. 바꿔 말하면, "나는 휴대전화기가 있다, 고로 나는 너와 연결된다."의 명제는 참이 아니라는 것이다.

그러므로 혼자 있는 자신이 힘겨울 때는, 잠시 전화기를 혼자 두는 것이 필요하다. 그리고 수시로 전화기를 확인하는 일을 그만두어야 한다. 전화기가 혼자 있을 수 있는 시간을 주자. 그리고 그 전화기 곁을 지날 때는 강박관념 없이 한 번 슬쩍 봐주어도 괜찮겠지만, 보고 나서의 실망감이 엄습해올 것 같으면 그것조차 그만두어야 한다.

술집에서 더 외로워질 수도 있다. 그/녀가 곁에 없어서 외로운 것이 아니다. 술집에 들어오기 전, 일상에서 자신을 채웠던 분노가 빠져나가서이다. 그/녀를 향한 분노와 미움의 감정이 철수한 자리에 어떤 감정도 들어차지 않았기 때문에, 그 허기의 감정과 감정의 부재 때문에 외롭다고, 느끼는 것이다. 하지만 그것은 외로움이 아니다. 정화이다. 그리하여 비어 있는 그 자리에 이제 자기 자신을 대상화시켜 앉혀야 한다.

술을 마시면서 술을 마시는 자기 자신을 바라보는 것, 더 여유가 있다면 가볍게 만가輓歌라도 흥얼거리며 조금씩 취해가는, 조금씩 이성의 검열에서 벗어나고 있는 자기 자신을 고요히 만끽하는 것이다.

사랑에 이별의 징조가 짙어져도 마찬가지이다. 우리는 미리 이별의 노래를 부른다. 그 이별의 노래는 마치 액땜처럼 이별을 막아줄 것 같기 때문이다. 이런 노래는 어떨까. 앰비언트 음악의 선구자 브라이언 이노^{Brian Eno}의 「강가에서」^{By this river}. 가사는 이러하다.

> Here we are stuck by this river 지금 우리는 강가에 앉아
> You and I underneath a sky 너와 나, 하늘 아래서
> That's ever falling down down down 아래로 아래로 아래로
> Ever falling down 떨어지는구나.
>
> Through the day as if on an ocean 하루 종일 바다 위에서
> Waiting here always failing to remember 기다렸지만 떠올릴 수 없었어.
> Why we came came came 왜 우리가 왔을까……
> I wonder why we came 왜 우리가 왔는지……
>
> You talk to me as if from a distance 멀리 떨어져 있는 것처럼 너는 내게 말했고
> And I reply with impressions chosen 나는 어떤 또 다른 느낌으로 대답했지,
> From another time time time 다른 시간으로부터,
> From another time. 다른 시간으로부터.

브라이언 이노는 고요히 취해가며, 차마 아껴서 절망하는 것같이 노래를 부른다. 술이 몸속을 흐르기 시작하면 몸은 깊이 가라앉는다. 브라이언 이노는 그것을 '떨어진다'^{falling down}라고 표현한다. 그러면서 왜 그/녀와 만나게 되었는지, 그런 일이 있었는지, 그곳에 갔었는지, 자문한다. 그/녀가 곁에 있건 없건, 이미 그/녀는 내게서 멀리 떨어져 있다. 그러므로 그/녀는 나

로부터 '멀리 떨어져' 말하고, 하릴없이 나도 그/녀와 다른 시간대에서 말한다. 이런 어긋남과 어긋남에 대한 감각만이 점점 명료해지고, 그 외의 모든 감각과 생각은 퇴화된다.

다시, 당신이 있는 술집이다. 당신은 누구와 함께 술잔을 기울이고 있는가. 입에서는 어떤 말들이, 혹은 음률이 당신의 취기를 더욱 간질이는가. 그것은 아무도 호명하지 않는 자족적 독백이자 자폐적 기호여야 할 것이다.

2. 부정과 슬픔의 정황

어떤 과거에 대해서 감정적으로 고착하는 가장 전형적인 모습은 슬픔이다.
슬픔 자체는 현재와 미래에 가장 완전하게 등을 돌릴 수 있는 길이다.

지그문트 프로이트, 『정신분석강의』

이별 부정 1
−히키코모리 되기

이상 「날개」

    자기 자신이 얼마나 외로운지, 어떻게 외로운지 스스로에게 설명해야 할 때가 있다. 예컨대, 이런 식이다. 나는 연인이 없다. 나는 연인도 없는 데다가, 짝사랑하는 사람조차 없다. 나는 기억 속에서 거듭해서 야금야금 갉아먹을 사람도 없다. 지나가는 모든 사람들은 모두 내 연인이 되기엔 너무 잘났거나 너무 건강하거나 너무 속물이다. 결국 내 생각이 다다르는 곳은, 내 자신이 문제라는 결론이다. 그리고 무엇보다, 상처받기 싫고, 오해받기 싫다는 것. 오해들을 반격하면서 사실은 이해받는 것인데, 그 오해들을 이해로 돌릴 자신이 없다는 것이다.

    결국 문제는 자신에게 있다. 안다. 알기 때문에 선택은 두 가지이다. 하지만 결과는 항상 다르지 않다. 하나는, 알기 때문에 칩거하는 것이고, 다른 하나는 밖으로 나가는 것인데, 밖으로 나갔다가 결국 이해시키지 못하고 다시 안으로 숨어들게 된다.

    하지만, 돌아오는 횟수가 많아질수록, 아는가. 점차 칩거의 시간이

짧아진다. 칩거의 아픔도 꽤 견딜 만한 것이 된다. 그러므로, 나가고 보는 것이다. 상처에 대한 둔감화, 그것 정말 해볼 만한 실험이다.

「날개」도 뒤집어보면 그런 소설이다. 주인공 남자는 자신의 골방에서 슬그머니 나가기 시작한다. 물론 이별의 아픔 때문이 아니다. 함께 살던 아내와의 불화 때문도 아니다. 아니, 그와 아내는 부부라고 할 수 없을 정도로 관계가 파행적이었으니, 이별과 불화를 언급할 것도 못 된다. 다만, 그 자신은 아내와의 관계를 '의식화'하지 않았던 것이다. 의식화하지 않았지만, 그의 전의식前意識은 이미 그 관계의 부조리함을 느끼고 있었던 것이다.

사실, 「날개」의 주인공과 주인공의 모델이라고 할 수 있는 작가 '이상'을 떠올리는 일은 곤혹스럽다. 그는 우리에게 마치 하나의 기억처럼 회상되는 까닭이다. 20대의 그를, 스스로를 '박제가 되어버린 천재'라고 했던 그를, 패러독스와 위트의 글을 쓰겠다고 한 그를, 기생寄生의 삶을 선택한 그를, 그러나 불신의 숙주인 아내, 혹은 '금홍'을 떠날 수 없었던 그를, 우리는 어디선가 본 듯한 것이다. 스물여섯의 그가 어두운 방에서 바퀴벌레처럼 칩거하다가 도시의 철골 사이를 마른 몸으로 다니는 현실 같은 환영을, 혹은 환영 같은 현실을 본 듯한 것이다. 지금 우리가 은둔형 외톨이, '히키코모리'라고 부르는 그런 사람들과 비슷하다. 그러나 이상을 병리적인 히키코모리라고 부를 수 없을 것이다. 우리는 그를, 진정한 분열적 히키코모리라고 명명한다.

분열적 히키코모리는 이 세계에 대한 책임의식을 가진, 그러나 이 세계를 구원할 수 없다고 스스로 능력의 한계를 느끼는 자이다. 그는 세계와 진정으로 불화하며, 세계에 대한 타자 의식을 갖는다. 그러므로 그는 숨는 것이 아니라, 스스로를 이 세계에서 제외시키려고 한다. 그러나 여전히 세계의 고통에 대한 고통을 느끼고 있고 이 세계를 외면할 수 없기에, 그는 분열된다.

작가 이상이 부유하듯 떠돌았을 경성으로 시선을 돌린다. 당시 경성은 하이브리드 도시였을 터. 유교와 근대가 혼종하고, 갓과 단발이 혼류하고, 선비와 모던보이가 같은 자리에 앉아 있고, 이것은 마치 도가니 melting pot처럼, 그러나 섞이지 않은 채 서로 겉돌면서 도시인들을 분열시키지 않았을까. 지식인들은 모두 룸펜이거나 히키코모리였을 것이고, 이로 인해 그들은 분열증뿐 아니라 도착증이나 편집증세도 있었을 것이다. (채만식의 소설 「소망」少望의 주인공이 바로 그렇지 않던가.)

「날개」의 주인공은 말한다.

내 몸과 마음에 옷처럼 잘 맞는 방 속에서 뒹굴면서, 축 처져 있는 것은 행복이니 불행이니 하는 그런 세속적인 계산을 떠난, 가장 편리하고 안일한 말하자면 절대적인 상태인 것이다. 나는 이런 상태가 좋았다.

그리고 또 강조한다.

나에게는 불평이 없다.

이것이야말로 아이러니이자 패러독스일 것이다. 자신이 놓인 환경을 절대적인 상태라 하고 불평도 없다고 하는 것은, 그래야만 하기 때문이다. 그를 지탱하고 있는 것은 자신이 아무것도 '모른다고 하는 앎'이다. 아내에게 내객이 들고, 이 내객이 아내에게 돈을 주고 간다는 것을 정확히 알지만, 그는 내객이 왜 그러는지를 모른다고 재차 강조한다. 자신이 모른다는 것을 알고 있는 것이다. 그것은 어떤 모름일까, 혹은 어떤 앎일까.

그는 아내와 내객을 추행追行하지 않는다. 스스로 퇴행退行한다. 그는 타락하지 않는다. 추락한다. 그러나 그의 전의식은 그의 퇴행과 추락을 방치하지만은 않는다. 그 또한 돈을 내고 아내에게로 간다. '아내와' 자는 것이 아니다. '아내 방에서' 자는 것이다. 이것은 성적 능력을 퇴화시킨 그의 히키코모리적 능력이다.

히키코모리적 능력이 아무리 강해도, 그의 무지에 대한 앎이 아무리 굳건해도, 반복되는 아내와 내객의 일을 어찌 한 번도 보지 않을 수 있을까. 그는 그만 봐버린 것이다. '본 자', '아는 자', '자기 자신이 안다는 것을 아는 자'에 대한 아내의 문책은 가혹하고 엽기적이다. 아내는 감기가 걸린 남편에게 아스피린이 아닌 수면제인 아달린을 먹이는 것이다. 그는 물론 아스피린인 줄 알고 한 달 동안 그것을 먹었고 병든 닭처럼 지낸다. 한 달 뒤에 그것이 아달린인 줄 알았지만, 아내를 의심한 자신을 오히려 책망하며 남은 아달린을 "질겅질겅 씹어먹어버"린다. 그리고 벤치 위에 누워 일주일을 잔다.

아스피린과 아달린, 그 유사한 어감 때문이었을까. 그는 또 다시 아내가 어쩌면 아스피린을 자신에게 먹였던 것인데, 혼자 오해했을지도 모른다고 생각한다. 다시 자신을 무지하게 만드는 데 성공하는 것이다. 그 성공은 그러나 여지없이 무산된다. 집으로 와서는 정말로 "절대로 보아서 안 될 것을 그만 딱 보아버"린 것이다. 아내는 그의 멱살을 잡고, 그는 어지러워서 나둥그러진다.

이제 더 이상 자기 자신을 기만할 수가 없다. 모른다고 스스로를 속일 수가 없다. 퇴행의 능력이 더 이상 가동되지 않는다. 그의 퇴행은 멈추고, 그의 무지無知는 다시 비-무지非-無知로 뒤집혀진다.

대낮. 그는 미쓰코시 옥상에 오른다. 이제 그의 인지는 녹슨 쇳소리를 내며 깨어나기 시작한다. 회고와 성찰이 이루어지고, 자신이 지금까지 저질렀던 것이 단지 패러독스와 위트였음을 재확인한다.

나는 거기 아무 데나 주저앉아서 내 자라온 스물여섯 해를 회고하여 보았다. 몽롱한 기억 속에서는 이렇다는 아무 제목도 불거져 나오지 않았다. 나는 또 내 자신에게 물어보았다. 너는 인생에 무슨 욕심이 있느냐고, 그러나 있다고도 없다고도 그런 대답은 하기가 싫었다. 나는 거의 나 자신의 존재를 인식하기조차도 어려웠다.

우리 부부는 숙명적으로 발이 맞지 않는 절름발이인 것이다. 내나 아내나 제 거동에 로직을 붙일 필요는 없다. 변해야 할 필요도 없다. 사실은 사실대로 오해는 오해대로 그저 끝없이 발을 절뚝거리면서 세상을 걸어가면 되는 것이다. 그렇지 않을까? 그러나 나는 이 발길이 아내에게로 돌아가야 옳은가 이것만은 분간하기가 좀 어려웠다. 가야 하나? 그럼 어디로 가나?

아직 그의 길이 명확하게 보이지는 않는다. 그래도 적어도 이제 그는 기생과 퇴행을 그만둘 것이다. 그래서 그가 "한 번만 더 날아보자꾸나."라고 하는 것은 비상도, 초월도 아니다. 다만 지금까지의 퇴행과 퇴화와 추락을 멈추는 것이다. 퇴행을 퇴행시키고, 퇴화를 퇴화시키며, 추락을 함락시키는 것이 '날자'의 의미인 것이다.

사랑과 이별에 대해서도 '나는 모른다'는 앎을 가동시켜야 할 때가 얼마나 많았던가. 추행이 아닌 퇴행을, 타락이 아닌 추락을 해야 할 때도 얼마나 많았던가.

예컨대 연인에게서 전화가 오지 않을 때, 겨우 연결된 통화에서 그/녀에게서 피곤한 목소리만 전해져 올 때, 그/녀가 거짓말을 할 때, 우리는 흔히 자신의 촉수를 둔감화시킨다. '나는 모른다'는 앎을 지키려 노력하는 것이다. 퇴행이다. 마침내 그/녀가 헤어지자고 해도, 그 말이 들리지 않는다. 믿기지도 않는다. 그러면서 그/녀가 얼마나 힘들면 이럴까, 그/녀를 위로하려고 든다. 정작 위로받아야 하는 사람은 자기 자신임에도 불구하고 그/녀가 부모님 때문에, 직장 때문에, 친구 때문에 힘들 거라고 해석하고 그/녀를 다독이려고 한다. 그것이 바로 이별에 대한 '부정'이다. 우리는 연인의 이별 선고를 쉽게 받아들이지 못한다. '다른 이유'가 있을 거라고 생각하는 것이다. 그 부정을 다시 부정하기까지 얼마나 힘이 들었던가. 수많은 감정이 악다귀처럼 들러붙는다. 슬픔은 물론이고, 자기 연민, 증오가 사랑과 붙어 기괴한 감정 상태가 된다. 추락이다.

그러나 그럴 때, 가볍게 만가(輓歌)라도 흥얼거리면 어떨까. 만가를 읊조리며 「날개」의 주인공이 그러했듯이, 도시의 거리를 거니는 것이다. 「날개」의 주인공이 그러했듯이, "사실은 사실대로 오해는 오해대로 그저 끝없이 발을 절뚝거리면서" 산책하는 것이다.

이별 부정 2
– 사랑 각색

황순원 「소나기」

"우리는 마치 심리적·성적 삽입을 허용하듯이, 다른 사람에 의해 상처받는 것을 아파하고 경계가 무너지는 고통을 아파하는 능력에 항복해야 한다." 수잔 캐벌러 애들러, 「애도」

그/녀가 아니라 그/녀라는 환상 덕에 살아질 때가 있다. 그 환상의 숙주는 그/녀가 아니다. 환상의 숙주는 바로 자기 자신이다. 사랑의 에너지인 리비도는 그/녀에게 향해 있는 것이 아니라, 나 자신에게 꽂혀 있다. 예컨대 어린 시절의 사랑, 어린 시절의 이별, 그 사랑과 이별은 오랜 기간 동안 각색된다. 각색된 시나리오를 보면, 내가 사랑하는 것은 그/녀가 아니라, 그/녀를 사랑한 '나 자신'이다.

그것이 삼류 통속이었다 해도, 삼류 통속이라는 것이 너무나 분명히 보였다 해도, 이별 후의 긴 시간은 그 서사를 장르 변경시킨다. 삼류 코미디 같았던 연애는 멜로가 되고, 삼류 잔혹극 같았던 연애도 하드코어 멜로가 된다.

 황순원의 소설 「소나기」가 그 장르 변경에 일조한다. 우리가 읽었던 「소나기」는 우리가 기억하는 연애 서사에 잠입하여 그 기억을 변경시킨다.

 황순원의 소설 「소나기」의 줄거리를 모르는 사람이 있을까. 그러나 삼삼오오 모여 「소나기」의 줄거리를 이야기해보면, 우리가 기억하는 「소나기」가 제각각이라는 것을 알게 된다.
 "소녀가 제비꽃을 제일 좋아한 게 아니었어?"(소녀는 도라지꽃의 보랏빛이 좋다고 했다.)
 "소년과 소녀가 함께 먹은 것이 참외였지?"(아니다. 무였다.)
 "소년이 탄 게 망아지였나?"(소년이 탄 것은 송아지였다.)
 "소녀가 흰색 원피스를 입었지?"(소녀는 분홍 스웨터와 남색 스커트를 입었다.)

 그럼에도 불구하고 여기서 이 소설의 줄거리를 재확인하는 것은 불필요하다. '그들 각자의 「소나기」'는 그 자체로 '또 하나의 「소나기」'이기 때문이다. 게다가 우리는 이 말만은 기억한다. "죽거든 입던 옷을 꼭 그대로 입혀서 묻어……"라는 소녀의 유언.

 모두의 「소나기」에 대한 기억은 이 소녀의 유언에서 멈추어 있는 것 같지만, 사실 그렇지 않다. 우리는 모두 「소나기」 이후의 이야기를 쓰고 있고, 또 살고 있다. 우리에게는 우리 각자의 「소나기」가 있다.

그 「소나기」는 우리가 겪은 시시한 해프닝을 생애의 전무후무한 일대 사건으로 만들어준다. 이 소설로 그/녀와 처음 손을 잡았을 때가, 그/녀가 떠나던 때가, 심지어 자신이 그/녀를 지겨워하여 떠나려 했을 때조차 애틋한 이야기로 둔갑한다.

그러나 누구나 「소나기」의 서사 같은 연애 기억을 가지고 있다 해도, 간과할 수 없는 진실은 그것은 그저 사후의 재구_{再構}일 뿐이라는 점이다. 아무도 「소나기」 속 소년과 소녀는 아니었고, 소설 속 인물인 소년과 소녀조차도 그 서사 속에 있는 그대로는 아닐 것이다.

소녀는 소년의 눈에 비친 모습으로만 그려졌고, 소년이라는 '내적 초점화자'_{인물이면서 시선의 주체로서, 이때 화자는 이 내적 초점화자가 본 것을 그대로 서술하는 듯한 양상을 띤다.}는 무엇보다 소녀에게 온통 시선이 가서 제 모든 것이 흔들려버렸다. '외적 초점화자'_{보는 주체가 이야기 바깥에 있는 것으로서 3인칭 객관적 시점의 서술과 유사하다.}도 소년과 공모하여 소년과 소녀의 장면에 소프트필터링을 해주고 있다.

기억하자. 이 소설은 소년이 초점화자이다. 우리는 소년의 눈 속으로 들어와 필터링된 소녀의 모습만 간접적으로 볼 수 있다. 소년은 소녀에게 베일을 덧씌우고 우리는 그 베일을 통해서만이 소녀를 볼 수 있다.

이런 시선의 불공평한 배분 덕분에 소녀는 소녀답다. 소녀는 그야말로 무심한 팜파탈^{femme fatal}처럼 보인다. 소녀는 소년에게 지속적으로 잉여를 제공하여 소년을 매혹시킨다. 소년은 소녀가 던진 조약돌을 주무르는 페티시 증세를 갖게 되고, '바보, 바보' 소리가 울리는 이명 증세를 앓는다. 그리고 물속에 비친 제 얼굴이 싫어지는 등, 자기애의 훼손을 입게 되고 소녀의 시선을 피해 도망가다가 메밀꽃에 찔려 코피까지 난다.

소녀는 소년에게 단 한 번 "바보"라고 한 것 이외에는 시선을 주지 않는 듯하다. 그들의 첫 데이트에서도 비단조개, 원두막, 참외와 수박, 무, 단풍, 들국화, 싸리꽃, 도라지꽃, 마타리꽃, 칡덩굴, 송아지에만 소녀의 눈길이 닿는 것 같다.

그러나 소년의 눈에는 소녀의 왼쪽 볼 작은 보조개가 들어오고, "흰 얼굴이, 분홍 스웨터가, 남색 스커트가" 섞이고 그래서 소녀가 안고 있던 꽃과 함께 범벅이 된다. 소년은 어지럽다. 연애의 현기증^{illinx}이란 이런 것이다.

소년만이 소녀를 바라보는 한, 소년은 소녀에게 약자이다. 소년은 그 자신도 소녀가 갖지 못한 플러스 알파가 되고 싶을 것이다. 그래서 소년은 소녀가 하지 못할 행동을 한다. 송아지 위에 올라타기! 마구 날뛰는 송아지 덕택에 소년은 소녀가 자신을 보는지 보지 않는지 잘 알 수 없지만, 그럴 것이라 생각한다. 그러나 끝내 소설은 소녀에게 초점화의 렌즈를 주지 않는다.

거의 유일하게 한 문단에 소년의 관점과 소녀의 관점이 공존하는 부분이 있다. 바로 여기.

소녀가 속삭이듯이, 이리 들어와 앉으라고 했다. 괜찮다고 했다. 소녀가 다시, 들어와 앉으라고 했다. 할 수 없이 뒷걸음질을 쳤다. 그 바람에, 소녀가 안고 있는 꽃묶음이 망그러졌다. 그러나, 소녀는 상관없다고 생각했다. 비에 젖은 소년의 몸 내음새가 확 코에 끼얹혀졌다. 그러나, 고개를 돌리지 않았다. 도리어 소년의 몸기운으로 해서 떨리던 몸이 적이 누그러지는 느낌이었다.

여기서 소녀가 소년을 어떻게 보는지 알 수 있다. 소녀에게 "비에 젖은 소년의 몸 내음새가 확 코에 끼얹혀졌"지만, 소녀는 고개를 돌리지 않는다. "도리어 소년의 몸기운으로 해서 떨리던 몸이 적이 누그러지는 느낌이었다."고 인식한다.

이 부분 때문에 이 소설은 소년과 소녀의 이야기가 된다. 그리고 소년이 초점화 렌즈를 완전히 내려놓은 부분, 그러니까 소년의 부모가 소녀의 죽음에 관해 대화를 나누는 부분에서 완벽하게 무능해지는 소년의 역할 때문에 이 소설은 독자의 통각痛覺을 두드린다. 적나라한 외적 초점화로 진행되는 이 부분을 다시 읽어보자.

"그런데 참, 이번 계집앤 어린 것이 여간 잔망스럽지가 않아. 글쎄, 죽기 전에 이런 말을 했다지 않아? 자기가 죽거든 자기 입던 옷을 꼭 그대로 입혀서 묻어달라고……."

이 말 한마디로 우리는 소녀가 그동안 어떤 생각과 느낌을, 어떤 식으로 죽음을 준비했으며 삶을 마무리했는지 사이기 하나 단번에 알게 된다. 여기서 울컥, 울혈이 맺히는 것이다. 우리가 직접 겪은 일은 아니지만, 소년과 소녀의 이별과 유추적으로 기억을 소환할 수 있는 어떤 시공간으로 이동하는 것이다.

이렇게 하여 이 소설을 읽으면서 대치할 수도, 다른 것으로 연상시킬 수도, 환원시킬 수도 없는 어떤 사건 같은 것을 하나 갖게 된다. 진부한 일이었을지도 모를 그 과거가 의미심장한 사건이 된다.

그런 사건은 잊히지 않는다. 이별은 오래오래 인정되지 않고, 다만 기억 속에서 '사랑했던 시절', 혹은 생애에서 가장 행복했던 때 '화양연화'로만 기억된다. 첫사랑이 그러하다. 첫사랑을 잊지 못하는 것은 그 첫사랑과의 이별을 오랜 기간 부정한 탓이다.

정신과 의사들은 이별 후 이 부정의 단계가 오래 가는 것을 염려할 것이다. 그러나 어떤 사랑은 사랑과 이별의 패키지로 기억되는 것이 아니라, 그저 사랑만으로 기억되는 것도, 그래서 영영 이별이 부정되는 것도 나쁘지 않을 것이다. 반드시 우리가 '정상'이어야 하는 것은 아니다. 심리학자 도널드 위니코트$^{\text{Donald W. Winnicott}}$의 말처럼, 우리가 단지 멀쩡하기만 하다면 가엾기 짝이 없는 일이다.

사랑을 한다면, 그리고 이별을 했다면 당연히 미쳐야 한다$^{\text{going insane}}$. 우리가 사랑과 이별을 겪을 때 가장 경계해야 할 것이 어쩌면 미치지 않는 것$^{\text{going sane}}$이지 않을까. 약간은 미쳐서, 이별을 기억하지 않고, 다만 사랑만 더 아름답게 각색하면서 살아도 좋을 것이다.

그러므로 어떤 사랑은 이별을 끝내 부정하는 것으로 마감되기도 한다. 지금 「소나기」의 소년은 자라 어른이 되었겠지만, 여전히 그 어린 시절의 소녀를 떠나보내지 않고 있을 것이다.

이별 부정 3
– 다만 사랑했을 뿐이다

전경린 「물의 정거장」

　우리는 사랑의 개념에 따라 사랑한다. 그러나 '사랑은 이런 것이다'를 넘어서 '이런 것만이 사랑이다'라는 개념에 사랑을 가두는 것은 정작 '지금 여기'의 교감을 오래된 미래로—이미 과거형으로 미뤄버리거나 영영 미래로—연기시킨다.

　우리는 울음의 이미지에 따라 운다. 울음이 아니다. 울음의 이미지이다. 울음의 이미지, 이 말이 성립할까 의혹이 들겠지만, 자기 연민에 허우적대며 울고 있는 자신을 관찰하면서 제 울음이 울음의 원인이 되는 경우가 종종 있지 않은가. 도취적 감상感傷이라고 해도 좋을 이런 울음은, 울음의 이미지를 우는 것에 지나지 않을 것이다.

　사랑의 개념에 따라 사랑하다가 실연하고, 다시 울음의 이미지에 따라 우는 연애의 한살이를 보냈다면 그것이 어찌 사랑으로 기억될 수 있을까.

사랑에 가장 절실한 것은 에로스의 에티카일 것이다. 사랑하면서 도덕과 제도를 엄수해야 한다는 의미가 아니다. 자기 자신이 아닌, 타자와의 관계를 소중하고 절실하게 다루어야 한다는 의미이다. "나는 너를 사랑해."라고 고백했다고 가정해보면, 이 문장을 내뱉는 순간, 이 말을 한 화자는 '너'의 타자성을 지워버리게 된다. "나는 너를 사랑해."에는 '나의 사랑을 받아줘.'라는 명령뿐만 아니라 '너도 나를 사랑해야 해.'라는 명령도 들어 있다. 상대를 자아화하려는, 즉 동일자로 만들려는 욕망이 내재된 것이다. "나는 너를 사랑해."라는 말에는 그 말을 한 바로 당사자 자신이 사랑받을 자격이 있다는 나르시시즘도 들어가 있다.

결국 "나는 너를 사랑해."라는 문장에는 그것이 지시하는 직설적인 의미보다 더 강하고 절실한 욕망이 짙게 배어 있다. 그래서 우리는 간혹, "나는 너를 사랑해."라는 고백을 들을 때 순간 불편해지거나 두려워지기까지 하는 것이다.

그래서 어떤 이들은 고백을 하지 않는다. 그것은 상대의 타자성이 나의 말로 인해 지워지는 것을 받아들일 수 없기 때문이다. 그들은 절대적인 타자성이 없는 '너'를 사랑할 수 없는 것이다. 그러니 사랑하기 위해서 사랑을 고백할 수가 없다.

사랑을 고백하지 않고, 다만 사랑을 했던 여자가 있다. 소설 「물의 정거장」의 '무숙'이다.

이렇게 높은 곳까지 올라온 줄 몰랐어요. 당신 손을 잡고 당신 눈길을 따라가느냐, 이렇게 높은 곳에 올려진 줄도 몰랐어요. 날개라도 달린 듯……. 그런데, 당신은 없고 이렇게 높고 외딴 곳에 나만 남겨졌어요. 세상은 나를 향해 일제히 불을 꺼버렸는데, 나 혼자 어떻게 내려가나요? 이 자리에서 꼼짝도 할 수가 없는데, 내가 한 발도 못 움직일 거라는 거 당신도 알잖아요…….

여기에 다 있다. 그녀와 그의 서사가, 그를 향한 그녀의 마음이, 이 여섯 개의 매듭 같은 문장에 다 들어 있다. 그녀가 그에게 보내려 했던 보내지 못한 편지이다. 이 편지는 그녀와 그의 집이 마련되었을 때, 그가 오기로 한 그 첫날 밤, 그가 오지 않자 일주일을 더 보낸 후 그녀가 쓴 편지이다. 그녀는 그가 오지 못했을 때 전화를 걸지 않았다. 그가 전화하지 못할 사정이라면 당연히 받기도 어려울 것이라는 배려/예감/체념 때문이었다.

그녀는 울었다. "누군가 비좁은 갈비뼈 속에 철제 캐비닛을 박아넣은 것처럼" 숨을 쉴 수도 없었다. "양쪽 귀밑이 딱딱하게 뭉치면서 두 뺨이 커다랗게 부풀어" 올랐다. 정서적인 격통이었다. 빵빵하게 부은 얼굴이 거울 앞에 들어섰을 때 그녀의 슬픔은 어디까지 차올랐을까. 그러나 그때부터 그녀는 견딘다. 견딜 수 없을 때에는 그의 속옷과 양말을 오래 빤다. 마르면 밤에 입고 잠을 잔다. 다음 날 또 다시 빨고.

그리고 그가 이스탄불로 갔다는 말을 친구로부터 전해 듣는다. 그 남자는 그녀에게 오기로 한 날 자기 아내와 이혼했지만, 그녀에게 오는 대신 이스탄불로 선회한 것이다.

그녀와 함께 있을 때에도 그는 이스탄불로 가고 싶어 했다. 그녀 또한 그를 따라 가고 싶다고 말하자, 아니, 결혼하면 이스탄불로 신혼여행을 가자고 '방심한 채' 속삭이자 그는 "거긴 혼자 가기에 더 좋은 곳이야."라고 말했다. 그는 그때 결혼이 무슨 말인지 모르는 이국의 남자 같은 표정이었다. 그녀는 그 말과 표정의 의미를 무화시키려고 방어 기제를 열심히 가동시켜야 했다. 그런데 그가 정말로 그 이스탄불에 혼자 간 것이다. 자기 가족에게 돌아간 것도 아니고, 그녀에게로 투항한 것도 아니고, 이스탄불의 바다로 떠내려 간 것이다.

그녀는 어쩌다가 이 집에 홀로 있게 되었을까. 그녀는 7년 전에 남편과 이혼했다. 2년 전 열여섯 살이 된 아들을 전남편이 사는 로스앤젤레스로 보냈다. 그리고 그를 만난 것이었다. 만나고, 사랑을 하고, 그들은 그것에 그치지 않았다. 단지 사랑이 아니라 남은 생을 나누고 싶었다. 그러니까 그들은 어떤 형태로든 '가족'이 되고 싶었던 것이다. 도시 외곽에 그들을 구속할 시선이 없는 '작은 집'을 욕심낸 것은 서로에 대한 욕망이 아니라, 서로의 삶에 대한 욕심이었다. 그런데 그가 있어야 할 집에 그가 빠졌다. 그녀만이 그와의 기억과 그와 함께 보낼 시간과 그리고 그가 준 기다림과 함께 그 집에서 산다.

기다림은 언제까지일까. 그녀는 친구에게 말한다.

"에스키모에게는 희다라는 의미의 단어가 열일곱 개나 있대. (…) 그와 나 사이에도 사랑을 의미하는 단어가 앞으로 열일곱 개쯤 더 생기길 바래."
"이제 그가 아니라 나를 기다리는 기분이야."

그리고 아이를 입양할까 생각중이라고 덧붙인다.

그녀의 사랑은 사랑이라는 개념에 잡혀 있지 않다. "사랑한다면, 이들처럼"이란 것이 애초에 없다. 그녀 또한 사랑이 어디로 흐를지 모른다. 지금은 사랑이, 그녀로 하여금 그를 기다리게 한다. 사랑이, 입양을 생각하게 한다. 사랑이, 자기 자신을 기다리게 한다. 그녀가 지금 울음을 울지 않은 것도, 그 열일곱 개 중 하나의 사랑이 울음을 중화시키기 때문일 것이다.

물론 사랑이 열일곱 개나 되더라도, 그 사랑이라는 것이, 관계라는 것이 살아 있는 유기체라서, 어떤 이유로, 어떤 환경 탓으로, 어떤 부분이 괴사되기도 한다. 그러면 그 흉물스러운 괴사를 참지 못해 죽어가는 관계를 버려두고 떠나기도 하고, 괴사된 부분만 도려내고 다시 접붙이기를 하며 리모델링을 하듯 새로운 관계를 도모하기도 하고, 그리고 또 어떤 이들은 괴사된 부분을 그냥 안고 함께 조금씩 죽어가기도 한다.

죽어가는 관계를 버려두고 도망치듯 헤어지는 자들에게 삶의 뿌리는 내리지 않는다. 그래서 이들은 영영 부유하듯이 살아야 하며, 그 부유는 허무의식을 동반하기 마련이다. 살아도 사는 것이 아니며, 다만 죽음만을 두려워할 뿐이다. 그리고 그 죽음의 실재조차 보지 못하고 죽을 수도 있다.

괴사된 부분을 도려내고 서로가 다시 새로움을 도모하는 것은 기만

일 가능성이 있다. '우리에게는 그런 일이 없었어.'라고 모르는 척하지만, 문득문득 그들 눈을 찌르는 듯한 예리한 빛을 내는 과거의 그 '사건'은 그들을 내내 도망가지 못한 도주인으로 만들 수도 있기 때문이다.

 가장 열등해보이는, 썩은 부분을 지닌 채 살아가기가 어쩌면 가장 현명한 것인지도 모른다. 그래서 그 죽어가는 관계를 안고 가는 것이다. 상처를 함께 안고, 함께 아파하면서, '함께' 하고 있다는 것이 힘이 되어 살아가는 것이다.

 그래서 무숙이, 그가 오지 않은 집에 혼자 담겨 있으려는 것은 함께 죽어가기 위해서이다. 무숙은 오지 않는 그를 원망하지 않고, 그의 이 스탄불을 인정한다. 그의 속옷을 입고 자는 그녀에게 이별은 없다. 만약 그가 영영 오지 않더라도, 그녀에게 '실연'은 없을 것이다. 그 실연이 없는 곳, 에로스의 에티카만 지켜지는 곳, 그의 물결 같은 손길만이 그녀를 감싸고 있는 곳, 그곳은 '물의 정거장'이다.

이별 부정 4
–분노의 쓰레기통 뒤지기

하성란 「곰팡이 꽃」

　자신의 이별이 용납되지 않아서 다른 사람의 이별을 훔쳐보는 사람이 있다.

　도시 변두리, 90세대가 사는 15평 아파트 508호에 사는 남자는 새벽 두 시에 5층에서 1층까지 일흔두 개의 계단을 지나 쓰레기장으로 간다.

　아무도 모르게 아파트 주민의 쓰레기를 수집해오는 남자는 마치 검시檢屍하듯 쓰레기를 조심스럽게 해부하고 그 결과를 꼼꼼히 기록하고 다른 정보와 함께 조합하여 타자의 진실을 재구한다.

　쓰레기를 뒤지기 시작한 것은 자신의 쓰레기가 아파트 주민들에 의해 파헤쳐진 이후부터이다. 남자는 그 사건으로 인해 자신의 진실을 모든 이들이 다 알아버렸다고 생각한다. 1995년 쓰레기 종량제가 시작되던 날, 무심코 종량제 봉투에 넣지 않고 쓰레기를 버린 것이 화근이었다. 사람들은 쓰레기를 뒤져 그것이 508호 그 남자의 것이라는 알게 되었다. 그들이 가져온 남자의 쓰레기에는 그가 짝사랑하던 여자에게 보내려던 편지가 퉁퉁 불은 라면가락에 어지럽혀져 있었다. 이런 편지였다.

> "왜 당신 눈에는 그 남자의 허물이 보이지 않는 건가요. 당신 말대로 진정으로 누군가를 사랑하면 아무것도 보이지 않는 건가요. 지금도 늦지 않았습니다. 당신을 내 몸보다도 사랑합니다."

그렇게 쓰레기 더미 속에서 자신의 진실이 다른 사람들에게 알려진 후, 그는 오로지 쓰레기장에서만 진실을 발견할 수 있다고 생각하게 된다. 그렇게 다른 사람들의 쓰레기를 뒤지면서 남자는 생각한다. 만약 짝사랑했던 여자의 쓰레기를 뒤졌다면 그녀가 코발트색에 약하고, 입심이 좋고 단정한 옷차림의 남자에게 끌린다는 것을 알았을 것이고, 그럼 자신의 후배가 아니라 자신이 그녀의 남편이 될 수도 있었으리라고.

그리고 남자는, 507호 여자를 사랑한다는 남자가 그녀의 쓰레기를 뒤졌다면 그녀가 다이어트중이며 생크림 케이크 먹기를 꺼려하며 그를 싫어하는 이유도 백 킬로그램에 육박하는 몸집 때문이라는 것을 알았을 것이고, 그럼 둘은 헤어지지 않았을지도 모른다고 생각한다.

진실에 관한 한, 남자는 니체와 닮았다. 니체는 진실이란 바우보

Baubo,여성 생식기라 했고, 소설 속 남자는 진실이란 쓰레기 속에서만 존재한다고 생각했다. 바우보와 쓰레기의, 그 자체 의미는 비록 관계가 없지만 그것이 진실과 전혀 무관한 어떤 대상인 것처럼 보인다는 점에서는 같다. 니체는 '바우보' 뿐만 아니라 늙은 창녀, 닳고 닳은 동전 등에도 진실을 비유했으므로 니체가 더 살았다면 진실을 또 다른 것에 비유했을 것이 뻔하다.

또 니체는 진실을 말하지 않기 위해 애쓰라고 했고, 소설 속 남자는 자신만이 알고 있는 타자의 진실에 대해 말을 할 수가 없었다. 어찌되었건 니체나 남자나, 진실을 말하지 않거나 말하지 못하는 것이다. 진실은 발설될 수 있는 것이 아니다. 발설되지 않은 것 중에서만 진실이 있는 것이다.

앞서 말했지만 니체는 진실이란 닳고 닳은 동전이라 했고, 소설 속 남자는 진실이란 쓰레기봉투 속에서 썩어가고 있다고 생각했다. 닳는 것과 썩어가는 것, 그것은 점차 진실로서의 성격을 잃어가는 것이고, 그래서 더욱 더 쓸모없는 것이 되어가는 것이다. 그러나 아무도 모르게 진행된다.

니체와 이 남자, 참 비슷하지만 남자가 신봉하는 학문은 니체가 아니라 쓰레기학Garbology이다. 쓰레기학이란 하성란 작가가 지어낸 말이 아니다. 실제로 있는 학문이다. '쓰레기를 통해 지역 주민의 생활실태를 분석하는 학문이며 사회학의 한 수법'이다.

그렇다면 소설 속 남자처럼, 니체가 그가 사랑한 루 살로메의 쓰레기를 뒤졌다면 그는 그녀에게 차이지 않았을까. 살로메의 쓰레기를 뒤져서 그녀가 수염을 두텁게 기른 남자를 싫어한다는 것을 알았다면, 니체는 수염을 밀어버렸을까. 살로메가 섬약한 남자를 좋아하지 않는다는 것을 알았다면, 니체는 그녀 앞에서 강한 마초처럼 행동했을까.

물론 헛된 질문이다. 다만 모든 실연당한 자들은 그 이별을 우선은 부정해야 하기에, 여러 가지 가정을 해보는 것이다. '내가 이러이러했더라면……, 내가 저러저러하지 않았더라면…….' 그런 가정과 후회로 우선은 이별을 인정할 시간을 뒤로 미루는 것이다.

당신도 질문해보라. 당신이 그/녀의 쓰레기를 뒤졌다면 그/녀와 헤어지지 않았을까. 절실한 질문이긴 하지만, 어쩌면 당신은 오히려 진실을 보게 될까봐 쓰레기를 뒤지지 못했을 수도 있다. 자신이 가까스로 이룬 관계와 삶을 버티게 하는 것이 진실이 아니라 환상이라는 것을 알기 때문이다.

사실, 처음부터 남자가 쓰레기를 뒤진 것은 아니다. 그는 자신의 진실이 탄로나고 난 다음 쓰레기를 뒤졌고, 쓰레기에서 진실을 알 수 있다는 것을 알고 난 후에도 자신이 사랑하는 여자의 쓰레기를 뒤지지 않았다. 그는 자신과 무관한 진실이 담긴 쓰레기를 뒤진다. 남자가 진실을 알려고 하는 이유는 그것이 자신과 무관한 진실이기 때문이다. 무관한 진실은 그냥 스캔들일 뿐이다. 남자는 끊임없이 쓰레기만이 진실이고, 쓰레기 속에서만 진실이 존재한다고 강조하지만, 그것은 누구나 걸려들 수 있는 스캔들일 뿐이다. 사람들 사이의 비슷한 욕망들, 그 욕망이 부르는 상호 모방, 상호 모방 때문에 발생하는 상호 폭력.

생각해보면 소설 속에서 507호 여자가 다이어트를 한다는 것과 그래서 생크림 케이크 먹기를 꺼린다는 것은 507호 여자만의 욕망이 아니다. 그것은 자본주의를 살고 있는 모든 여자의 욕망이다. 어떤 여자도 뚱뚱해지고 싶지 않은 것이다. 아니, 모든 여자는 다른 여자보다 날씬해지고 싶다. 그러니 쓰레기에서 확인할 수 있는 것은, '그 여자'의 욕망이 아니라 '여자들'의 욕망일 수도 있다. 쓰레기학은 그러므로 개별자의 욕망을 확인하는 학문이 아니라, 보편적인 욕망의 평균치와 통계치를 재확인하는 학문일 뿐이다.

시작도 그랬다. 자신이 버린 편지로 그는 아파트 주민들의 희생양이 된 것이나 다름없었다. 모두들 은폐시키고 있지만 모두가 지닌 집요한 욕망을 그는 자신의 쓰레기를 통해 타자들 앞에 펼쳐 보여버린 것이다. 그러니 그 남자도 그들의 욕망을 재확인해야 했다. 그들의 욕망을 확인함으로써 이 세계 자체가 스캔들이며 따라서 자신의 연애편지가 노출된 그 사건·사고는 아무것도 아니었다는 것을 스스로에게 거듭 학습시켜야 했던 것이다.

그러나 아직 완전학습이 이루어지지 않았다. 그는 중얼거린다.

오늘 밤, 마지막으로 딱 한 개야. 딱 한 개만 하고 그만둘 거야.

이별의 사제,
장국영 만나기

김경욱 「장국영이 죽었다고?」

이 세상은 버려진 자들의 도미노로 이루어져 있는지도 모른다. 누군가에게서 버려진 A는 B를 버리고, B는 C를 떠나고, C는 D를 못 잊으면서 잊으려 하고, D는 E에 대한 애증으로 괴로워하고, E는 F를 스토킹하며, F는 G를 가슴에 파묻고, G는······.

그러므로 G의 이별은 A와 무관하지 않고, D와 E, 그리고 알 수 없는 수많은 이별한 자들과도 연루되어 있다. 이별의 슬픔은 그리하여 연좌제이다.

그 이별한 자들이 한꺼번에 영화관 앞에 모인다면 어떨까.「장국영이 죽었다고?」에는 바로 그런 에피소드가 들어가 있다. 촉매가 된 것은 배우 장국영의 자살이다.

이야기의 처음으로 돌아가자. 이 소설의 주인공은 신용불량자인 이혼남이다. 물론 처음부터 신용불량자였고 이혼남이었던 것이 아니다. 신용불량자는 한때는 신용우량자였다는 것이고, 이혼남은 한때는 결혼했던 유부남이었다는 의미이니까. 남자는 아버지 빚보증으로 파산을 했다. 설상가상으로, 남자의 아버지는 자살을 했지만 채무는 고스란히 주인공 남자에게 인계된다. 그는 자신이 살던 아파트마저 넘어가게 되자 이혼함으로써 유일하게 남은 재산을 아내에게 남긴다. 함께 공유하려 하면 다 잃을 것이니, 아내에게 모두 넘김으로써 자신만 잃으면 된다는 생각에서였다. 아내는 그럭저럭 일말의 감상을 버림으로써 요즘말로 돌아온 싱글, 즉 '돌싱'이 되고, 자신은 모든 것을 포기한 듯, 아니, 포기라는 말이 불필요할 정도로 무기력하게 PC방에서 아르바이트를 하며 고시원 생활을 한다.

그러던 중 그는 닉네임 '이혼녀'와 채팅을 하게 된다. 그날이 바로 2003년 4월 1일, 장국영이 죽은 날이다. 닉네임 이혼녀는 장국영과 그의 영화에 대한 이야기를 너무나 정확하게 빠른 속도로 남자 주인공에게 전송한다. 그 중에서도 「아비정전」에 대한 이야기가 길게 이어진다. 그녀는 "카메라는 집요할 정도로 한곳에 오래 머물렀고 어긋난 운명 속에서 청춘의 절망과 우울이" 짙었던 영화였다고 회상한다. 남자 또한 「아비정전」과 관련된 기억이 또렷하다. 「아비정전」을 보면서 처음, 지금은 전처가 된 그녀의 손을 잡았던 것이다.

이야기를 나누던 중 둘은 같은 날, 같은 극장에서 그 영화 「아비정전」을 보았다는 것을 알게 된다. 기억을 이어나가면서 둘은 같은 날 결혼했다는 것도 알게 되고, 신혼여행지도 제주도로 같았다는 것, 호텔까지 같은 곳이었다는 것을 확인한다. 이쯤 되면 이 소설 좀 이상한 거 아니야, 하겠지만 우리의 삶은 생각보다 필연 같은 우연의 연속이다. 세상의 모든 사람들의 기억과 살아온 동선을 매우 자세한 파일로 만들어 다른 사람의 파일과 비교 분석하는 프로그램이 있다면 예상보다 많은 사람과 많은 부분이 겹칠지도 모른다.

이렇게 일일이 삶의 궤적을 맞추어본 둘에게는 이젠 어떤 수순이 기다리고 있을까. 두 시간 남짓의 채팅이 끝나면 좀더 확실한 끈, 인터넷이라는 가상공간에서 비교적 튼튼한 끈을 잡고 싶을 것이다. 다름 아닌, 이메일이다. 남자는 여자에게 이메일 주소를 전송한다. 그 후 며칠 동안 문득문득 그녀의 근황을 궁금해 한다. 여자에게선 당연히, 연락이 오지 않는다.

어느 날 남자는 '발 없는 새'라는 아이디로부터 메일을 한 통 받는다. 발 없는 새란 다름 아닌 「아비정전」에서 장국영이 연기했던 주인공 '아비'가 내레이션으로 읊던 이야기 속 새이다. 남자는 닉네임 이혼녀의 이메일 주소를 모르기 때문에 그 발 없는 새가 이혼녀인지 알 수는 없다. 하지만 남자는 또 당연히, 그 발 없는 새가 이혼녀라고 추측할 수밖에 없다. 이메일 내용은 간단하다. "당신이 발 없는 새의 죽음을 기억한다면, 모월 모일 모시에 검은 양복에 마스크를 쓰고 충무로 극장으로 나오라"는 내용. 그 극장이란 곳은 바로 자신과 이혼녀가 따로 또 함께 「아비정전」을 보았던 영화관이다. 슬슬 호기심과 궁금증은 증폭된다.

당신이 이 남자라면 어떻게 하겠는가. 너무 무의미한 스팸메일 같아서 무시할 수도 있을 것이고, 너무 무의미한 스팸메일 같아서 오히려 그것에 긍정적으로 반응하는 자신을 확인함으로써 일상에서 일탈하는 기분을 내려고 할 수도 있을 것이다. 이 남자는 후자였나보다. 어쩌면 그 지독한 무의미가 과잉의 의미로 갑작스럽게 채워지는 순간을 확인하고 싶었는지도 모른다. 남자는 자신의 아버지 장례식 때 입었던 유일한 검은 양복을 입고 마스크를 쓰고 극장으로 간다.

극장 앞. 그런 모양새의 사람이 자신만이 아니다. 검은 정장 차림의 남녀 여럿이 하나둘씩 극장 앞으로 모여든다. 남자들은 주인공 남자와 같은 복장이고, 여자들은 검은 원피스에 하얀 마스크를 쓰고 있다. 50여 명이 넘게 모이고 손에서 손으로 쪽지가 전해진다. 이른바 미션이 적힌 쪽지. 그들은 마치 매표소에서 표를 사려던 포즈를 취하다가 정작 자기 차례가 되면 매표소를 유유히 벗어나는 퍼포먼스를 한다. 물론 주인공 남자도 그렇게 한다.

이 부분, 소설 속에는 이렇게 묘사되어 있다.

> 그들은 오랜 연습으로 단련된 단역 배우처럼 자신에게 주어진 역할을 흠잡을 데 없이 완벽하게 소화하고 사라졌다. 매표소가 다가옴에 따라 거짓처럼 가슴이 뛰고 신경은 터질 듯 팽팽해졌다. 믿어지지 않았지만 그것은 실로 오랜만에 맛보는 활력이었다. 그 뜻밖의 활달한 기운은 세상의 어떤 의미에도 복무하지 않았으므로 나를 더욱 흥분시켰을 것이다.

그리고 남자는 군중 속으로 사라진다. 그 남자는 "딱히 가야 할 곳이 없었기 때문에 어디든 갈 수 있"다. 그 남자뿐만 아니라, 남자와 앙상블 퍼포먼스를 펼친 50여 명의 사람들이 모두 그러하다. 그들은 딱히 가야 할 곳이 없었기 때문에 어디든 갈 수 있다. 그들은 모두 「아비정전」의 장국영이 연기한 '발 없는 새'의 이미지를 재현하고 있었던 것이다.

영화 「아비정전」의 시적인 경구, 그 유치하고 상투적이라서 차라리 슬픈 경구를 어떻게 잊을까.

발 없는 새가 살았다. 이 새는 나는 것 외에는 할 줄 아는 게 없었다. 새는 날다가 지치면 바람에 몸을 맡기고 잠이 들었다. 이 새가 땅에 내려오는 날은 생애에 단 하루 그 새가 죽는 날이다.

영화에서는 이 내레이션이 끝나고 장국영의 댄스가 이어진다. 앞 장면에서 컷이 되지 않고 곧바로 이어지는 춤. 음악은 '사비에르 쿠가트' Xavier Cugat의 「마리아 엘레나」 Maria Elena. 맘보풍의 빠르고 경쾌한 템포가 늘어진 러닝셔츠와 사각팬티 속에서 흐느적거리는 아비 혹은 장국영의 몸을 아이러닉하게 접합시킨다.

아비/장국영은 이별의 사제이다. 아비의 모든 만남 속에는 이별이 먼저 와 있었다. 그의 만남이 영원히 이별일 수밖에 없는 이유는, 그가 만남에 '기억'이라는 단서를 달기 때문이다. '너를 기억할게.'의 맹세에는 이미 '너와 헤어질 거야.'라는 의지가 전제되어 있다.

아비는 연인 '수리진(장만옥 분)'에게 시계를 1분 동안 보라고 말한다. 영화의 러닝타임 또한 1분이었던가. 벽시계가 인서트 된다. 아비는 그녀에게 1960년 4월 16일 3시 1분 전, 이 '순간'을 수리진과 함께 기억할 것이라고 말한다. 그 시간의 숫자를 점자를 찍듯 말하는 것이다.

영화「아비정전」은, 동일한 시간대에 함께 사랑하지 못하는 사람들의 이야기이다. 한쪽이 사랑한다고 고백하면 한쪽은 외롭지 않다고 말하고, 한쪽이 그리움만으로 사랑을 대체하고 숨어들면 나머지 한쪽은 그 사라진 한쪽을 찾아 헤매는 이야기. 그러니 만남은 늘 만나지지 않는 사건으로만 이루어졌던 것이다.

그러니,「아비정전」을 좋아한 사람들은 「아비정전」의 그 절리節理 같은 만남/이별에 갇힌 사람일 것이다. 그들은 아비와 발 없는 새의 이미지와 자살한 장국영 사이를 필연적으로 연관 짓고 싶은 욕망에, 자신의 이별에 대한 절망을 접붙이고 싶었을 것이다. 그리하여「아비정전」을 상영했던 그 극장 앞에 모여들었을 것이다. 이별의 사제에 복종하는 이별의 신도들처럼.

■ 이별자의 장소 2 – 영화관에서

　우리는 모두 영화관 앞에서 누군가를 기다린 기억을 가지고 있다. 스크린이 아니라 옆에 앉은 연인의 둥그런 어깨에 마음을 두었던 기억도 가지고 있다. 그리고 혼자서 영화관을 나올 때의 쓸쓸함도 모르지 않는다.

　때때로 영화관을 혼자 찾을 때마다, 이렇듯 혼자인 사람들에게 영화관이 이별의 여행지일 수밖에 없을 거라는 생각이 든다. 영화관을 나오면서 내가 바라는 것은 내가 사랑하는 사람이 아니고, 나를 사랑하는 사람도 아니고, 나를 사랑스럽다고 말해주는 사람이라는 것을 깨닫게 된다. 사랑받고 싶은 것이 아니라, 내가 사랑받을 자격이 있다는 것을 확인하고 싶어 한다는 것을 영화는 가르쳐준다. 그러므로 나는 지금, 연인이 필요한 것이 아니라 나의 나르시시즘을 채워줄 누군가의 말이 필요한 것이다. 그렇게 생각하면 모든 것이 씁쓸하게 인내된다.

　그건 영화를 보면서 이별에 대해, 슬픔에 대해 냉소적이었던 것들이 갑작스럽게 뜨거워졌기 때문이다. 진지하고 싶지 않아서 외면했던 것들이 갑자기 실감의 무게로 나를 눌러주었기 때문이다. 그 무게가 아니었던들 삶은 얼마나 허무했을까. 영화라는 허무가 있었기에 삶은 허무하지 않다.

　그리하여 영화는, 이별한 자들에게 삶의 미궁을 조심스럽게 헤쳐 나오게 하는 '아리아드네의 실'일지도 모른다.

3. 사랑에 대처했던 우리의 자세

사랑하는 사람이, 비록 그가 나와 닿지 못하는 서로 다른 장소에 있더라도 나와 같은 시간에 외로움을 느끼고 있다면 우리에겐 어떤 외로움도 존재하지 않는다는 걸 알게 되었다.

발터 벤야민, 「모스크바 일기」

사랑한 적 없었고,
그래서 이별도 없다

김애란 「성탄특선」

우울은, 때를 가리지 않는다. 가장 우울하지 않아야 하는 생일에도 우울은 찾아온다. 크리스마스라고 다를 바 없다.

크리스마스는 일 년 중 가장 즐거운 날이라기보다는, 별 일도 없는데 자신이 외로운 사람이라는 것을 알게 하는 날이다. 밖으로 나가야 할 것 같은 강박에 집에 편안히 있으면서도 어쩐지 사회관계의 패자가 된 것 같은 열패감에 젖기도 한다.

그 열패감에서 비교적 자유로운 사람들이 연인들일까. 연인들이야말로 성탄절에 만나야 하는 사람이 분명히 정해져 있고, 밖으로 나가야 하는 필연적인 이유가 있으니까.

하지만 또 한편으로 크리스마스는 연인들에게 사랑으로 가득 찬 날이 아니라, 사랑에 대해 회의하는 날이 되기도 한다. 크리스마스가 상대에게 무언가를 더욱 기대하게 만들기 때문이다. 항상 기대치는 그 높이만큼의 실망을 예비하고 있다. 그래서 시인 고정희는 「사랑법 첫째」라는 시에서 "기대 따라 행여 그대 잃지 않기 위해서 내 외롬 짓무른 밤일수록 설움 넘치는 밤일수록 크고 무거운 돌덩이 하나를 가슴 한복판에 매달아 놓"는다고 썼을 것이다. 그러니까 크리스마스는 기대를 해야 하는 날이 아니라 도리어 기대를 하지 않기 위해 노력해야 하는 날이며, 밖으로 나가기 위해 애쓰는 날이 아니라 밖으로 나가지 않아도 되는 날이라고 스스로 위로해야 하는 날일지도 모르겠다. 그러면서 텔레비전을 통해, 라디오를 통해 성탄특선을 하나씩 섭렵하는 것이다.

'성탄특선 소설'은 어떨까. 바로, 김애란의 소설 「성탄특선」이다. 이 소설 속 다정하고 젊은 연인은 성탄절, 혹은 성탄전야에 둘이 오래 함께 있을 곳을 찾는다.

이들은 사귄 지 4년 이상이 된 연인이다. 그런데 그들이 사귄 후 세 번째 크리스마스까지는 만나지 못했다. 첫 번째 크리스마스 때, 여자에게는 옷이 없었고 남자에게는 데이트 비용이 없었다. 그래서 여자는 말없이 시골집에 내려가는 것으로 남자에게 줄 크리스마스 선물을 대신한다. 크리스마스 선물은 남자로 하여금 데이트 비용을 쓰지 않게 하는 것과 자신의 초라한 모습을 남자에게 보여주지 않는 것이다. 크리스마스 때 현실을 보여주기보다는, 서로 만나지 않음으로써 환상을 지켜준 것이다. 그리고 두 번째 크리스마스 때, 남자는 자기 어머니가 아프다는 거짓말을 한다. 남자는 여자가 남자를 만나러 나오지 않아도 되는 필연적인 이유를 만들어준 것이다. 세 번째 크리스마스 때는, 종종 이런 일이 있지 않은가, 바로 연인끼리의 시시한 이별 때문에 만나지 못한다. 모든 이별이 거의 비슷하다. 사랑도 상투적이지만, 이별도 통속적이다. 그렇게 세 번의 크리스마스를 만나지 못한 채 지나쳤다. 다행히 그 이후, 둘은 각각 취직을 하여 돈을 벌게 된다.

네 번째 크리스마스 이브, 둘은 만난다. 여태 미뤄두었던 과업을 달성할 기회가 생긴 것이다. 바로 그날 밤 헤어지지 않고 함께 있는 것.

결론부터 말하자면, 이들은 적당한 장소를 찾지 못한다. 성탄전야에 만난 적이 없기 때문에 그날 웬만한 숙박업소들이 모두 이미 예약된 상태라는 것을 몰랐던 것이다. 예약 없이 찾아간 숙박업소에서 그들은 씁쓸히 뒤돌아선다. 준비한 옷을 입고, 평소에 쓰지 않던 데이트 비용을 지불했지만 이들은 어쩐지 남의 의상을 입고 연기를 하는 것처럼 어색하다. 그렇게 쭈뼛거리다가 12월 말의 차가운 바람을 뚫고 마치 성소를 찾기 위해 순례를 하는 고행자들처럼 도시의 밤거리를 헤매었지만 그들을 받아줄 수 있는 방은 결국 없었다.

그 다음 이야기가 궁금한가. 그런데 그 이야기가 지극히 현실적이다. 어떻게 되었느냐면, 숨어들 방을 찾지 못한 그 가난하고 젊은 연인들의 결정은, 바로 각자 집으로 돌아가는 것이었다.

조금은 부러운가. 젊지도 않고 가난하지도 않은 어른들은, 가난하고 젊기 때문에 집중할 수 있는 것이 바로 자신이 사랑하는 그 애인밖에 없는 경우를, 좀 부러워하게 되어 있다. 가난하고 젊은 연인들의 페이소스가 귀엽기까지 하다. 그렇게 가난해 봤으면 좋겠다고, 그때 내게도 그런 가난한 연인이 있었다면 얼마나 좋았을까, 그런 시답잖은 질투를 하는 것이다. 이런 에피소드에서도 그렇다.

> 속절없이 달아오른 청춘과 아득한 살내음. 눈 감고 기어오른 그녀의 몸뚱이 위에서 혼몽해진 정신으로 음탕하고 지저분한 말이라도 좀 할라치면, 동네 아이들이 떠드는 소리와 채소 트럭의 확성기 소리, 하수도 공사음이 들려왔다. (…) 사내는 그녀를 안고 입 맞춘 뒤 그녀의 눈을 바라보았다. 그러자 갑자기 못 견디게 사랑한다는 말이 하고 싶어졌다. 마음은 사내에게 속삭였다. '지금이야, 지금이어야만 하는, 지금이 아니면 안 되는 그런 순간 있잖아.' 사내는 중요한 말을 하듯, 그리고 그 마음을 똑똑히 들어줬으면 좋겠다는 듯 힘주어 말했다.
> "사랑해."
> 그녀가 한 손으로 사내의 얼굴을 만졌다. 사내는 기대에 찬 눈으로 그녀를 바라봤다. 이윽고 그녀의 입술이 천천히 열리며 마음의 답장이 전해지려는 순간, 창밖으로 한떼의 아이들이 지나가는 기척과 함께 누군가 소리치는 게 들려왔다.
> "썹탱아! 그게 아니잖아! 저 새낀 항상 저래."
> 방 안의 공기는 외계의 소음에 찢겨 초라하게 쪼그라들었다.

이 풍경, 꽤 재미있게 느껴지지 않는가. 그러나 이 부분을 읽을 때마다 웃음짓는 사람은 무언가가 결핍된 사람일 수 있다.

좀더 젊었던 시절로 리와인드해보라. 그 시절, 나는 나를 방기하지 못했다. 그것이 다이다. 나를 방기하지 않은 죄, 그것은 내 젊음에 대한 죄라는 것을 아는 지금도, 그러나 '방기 방어죄'는 여전하다.

스스로에게 물어보라. 내게도 연인이 있었던가. 크리스마스 때 나는 그들 중 하나를 만났던가. 혼자였던 날은 기억난다. 혼자인 게 좋고 편해서 혼자였던 것이 아니라, 둘인 것이 두려워서 혼자였던 것 같기도 하다. 그때가 한 편의 상투적인 이별을 찍었던 후이던가.

「성탄특선」의 그 젊은 연인이 네 번의 크리스마스에 한 번도 '하지 못했던 것', 그런 가난한 추억, 하나쯤 있는 사람은 참 좋겠다, 싶다가도 이런 헤픈 상상을 하는 것이 못마땅하다. 그러나 당신은 안다. 이런 감정 따위, 일회용으로 쓰고 버려질 것이다. 그러니 괜찮다. 어차피 그 시간으로 돌릴 수도 없는 것이고, 그 시절 당신은 덜 가난했고, 가난한 애인을 옆에 두지 못했고, 그러니 가능성은 애초에 없던 일이니, 지금 이런 소모적인 생각을 조금 방출한다고 해서 세계를 오염시키지는 않을 것이다.

우울할 때는 조금 많이 우울해 해도 된다. 「성탄특선」 같은 소설을 읽으면서 약간 키득거리고, 또 약간 쓸쓸해 해도 된다. 있지도 않은 사랑, 그 쓸쓸함에 대하여, 혹은 있지도 않았을 사랑, 그 억울함에 대하여 성토해도 된다.

그래도 나는
사랑을 했었다

최윤 「회색 눈사람」

　사랑하고, 그 사랑 때문에 변했는데, 그 사랑이 가버리는 경우, 고스란히 그 '변함'만 남는다. 그/녀와 함께 하는 동안 생긴 버릇, 표정, 취향, 취미, 심지어 특기도 그대로인데, 다만 그/녀만 없는 경우. 그때 그/녀는 내게 생긴 버릇, 표정, 취향, 취미, 특기를 되받아가지 않는다.

　「타인의 취향」이라는 프랑스 영화가 있다. 이 영화에서는 여자가 남자를 바꾼다. 아니, 여자가 의도하지 않았는데, 여자에 의해서 남자가 바뀐다. 여자는 교양 있는 연극배우였고 남자는 속물적인 사장이었다. 그러나 교양과 속물이 얼마나 쉽게 자리바꿈될 수 있는지 우리는 안다. 교양 있는 사람은 그 교양을 드러내기 위해서 속물이 되고, 속물은 자신이 속물이라는 것을 숨기지 않음으로써 교양 있는 사람이 된다. 그래서 다시 말해야 한다. 여자는 스스로 속물이라고 생각하는 남자가 또 다른 교양을 갖추게 만드는 주체가 된다.

그러면, 남자만 바뀌었는가. 여자도 바뀌었다. 여자는 남자로 인해, 남자를 만나기 전이라면 절대로 좋아할 수 없었던 남자를 사랑하는 사람이 되어버린 것이다. 자신이 속한 그 고급 취향의 집단이 실은 속물이었다는 것도 동시에 알게 된다.

'카스텔라'와 '클라라'. 둘의 첫 만남은 카스텔라가 그의 조카가 하는 연극을 보러 간 곳에서 이루어졌다. 클라라가 그 연극의 주연이었다. 카스텔라는 그녀의 연기에서 묘한 슬픔을 느끼게 된다. 게다가 그즈음 클라라는 카스텔라의 개인 영어선생으로 오게 된다. 그러나 클라라는 카스텔라를, 돈만 많은 사장이라고 생각하고 그에게 차갑게 대한다. 카스텔라는 예술에 대해 문외한인 이유로 놀림을 당하지만 클라라가 자주 가는 카페에 가서 그녀와 함께 모인 예술인들과 어울리려고 노력하기까지 한다. 카스텔라는 그 모임에 클라라가 있다는 이유만으로 모임에 속한 미술인의 그림을 사기도 하고, 그 사람들에게 자기 회사 공장의 벽화를 맡기기도 한다. 그때 클라라는 카스텔라가 이용당한다고 여기게 되고, 그에게 고액의 미술품을 팔고, 불필요한 벽화를 그리게 만든 미술인을 더욱 속물이라고 생각하게 된다. 그러면서 차츰 카스텔라의 진심을 느낀다.

이들의 관계를 니체식으로 말하자면, 둘은 서로를 망치로 내려친 것이다. 누가 누구를 내리쳐서 바꾸었는가. 그것은 상호적이다. 둘은 망치를 들고, 수시로 서로를 내려친다. 그리고 그들은 친구가 된다. 함께 연극을 보고, 시를 읽고, 그림을 보면서 끊임없이 대화하는 친구.

영화 「타인의 취향」은, 그러므로 '타인의 취향'에 의해서 자아의 취향이 깨어지고 새로운 취향이 창조되어, 결국 자아도 타인도 아닌 제3의 매력적인 연인이 되는 과정을 그린 영화이다.

그러니까 영화 「타인의 취향」은 해피엔딩이다. 두 시간 남짓한 영화에서는 '비로소 사랑이 시작되었다'로 끝맺어지지만, 현실에서는 사랑이 시작되고, 적체되고, 지체되고, 마침내 무너지는 과정까지 나아간다.

하지만 우선은, '비로소 사랑이 시작되었다'까지만 이야기하자. 그리고 두 사람 사이에서 일어나는 '변화'에 관해 생각해보자. 니체도 '사랑과 변화'에 관한 이야기를 한 적이 있다. 사랑에 대해 지나치게 많이 알고 있었기에, 연애에 서툴렀던 니체에 의하면, 사랑은 존재가 아니라, 새로운 것을 있게 하는 것이다. 이것은 상대를 바꾸는 것과 다르다. 니체식 사랑은 상대의 안에 있는 것을, 잠재적인 것을 드러내는 것이다.

니체에 따르면, 사랑은 조각가의 돌에 대한 태도에서 유추할 수 있다. 돌을 사랑하는 조각가를 보라. 그는 먼저 돌을 본다. 거기에 위대한 형상이 숨어 있는 것을 발견한다. 그리고 망치로 내려친다. 그래서 그 속에 있는 것을 드러낸다. 그것은 생성이고 창조이다. 또한 그것이 사랑의 잔혹함이고, 그 사랑으로 구원이 이루어진다. 뜯어 고치는 것, 거기서 사랑의 가장 좋은 형태인 우정이 시작된다.

그러나, '니체식' 연애는, 사랑과 우정 '사이'는 아니다. 사랑도 아니고 우정도 아닌, 그런 모호한 관계가 아니라, 오히려 '사랑'의 최대 비등점을 넘어서 '우정'까지 나아가는 관계이다. 때로는 가장 절박한 사랑이었다가, 때로는 가장 위로와 힘이 되는 우정이 되는 것, 그것이 니체식 연애인 것이다.

우정이 생긴다는 것, 친구가 된다는 것은 결국 친구를 만드는 일이다. 그것은 긴장을 유발한다. 친구가 된다는 것은 친구와의 전쟁을 불사하는 것이기도 하다. 니체는 말한다, 친구가 된 뒤에도 푹신한 침대가 아닌, 야전 침대가 되라고.

잠깐 쉬어도 좋지만, 오래 쉴 수는 없게 하는 것, 사랑과 우정의 복합체, 친구와 연인의 하이브리드^{hybrid}가 니체식 연애이다.

우정도 사랑도 니체식이라면 불편해야 한다. 우리가 흔히 하는 "당신이 편해서 좋아."라는 말에는 "당신이 불편한 가운데 좋아." 혹은 "당신과 함께 있으면 불편하긴 하지만 그 불편함이 편해, 그리고 따뜻해."라는 의미가 내재되어 있지 않은가. 만약 그저 편한 것이라면, 그것은 권태나 무방비에 가까울 것이다. 깊은 우정과 간절한 사랑의 관계에서는 편하다고 하면서 마음이 설레고, 편하다고 하면서 손가락은 떨리고, 편하다고 웃지만 그/녀를 위해 무엇을 할 수 있을지 긴장을 하게 되는 것이다.

니체는 『즐거운 지식』에서 말한다, 우정과 사랑은 별들의 우정과 사랑을 닮아야 한다고. 친구나 연인이 '함께' 갈 필요는 없다. 별은 다른 곳에서 반짝이지만 우정을 맺고 사랑을 하기 때문이다. 연인은, 별들을 믿고 항해하는 한, 사랑할 수 있다.

소설 「회색 눈사람」은 그 사랑과 우정의 망치로 맞은 여자, '강하원'의 이야기이다. 그녀를 때린 사람은 사실 없다. 다만 그녀는 스스로 맞았고, 그녀가 맞았기 때문에, '때림'의 주체가 사후적事後的으로 구성된다. 그녀는 혼자서 그 사람 '안'을 사랑했고, 그에게 맞았다고 생각했고, 또 그로 인해 변화했기 때문에, 자신을 때린 사람이 바로 안이라고 생각했던 것이다.

그녀가 안을 사랑했다는 것을 안은 몰랐다. 사실, 그녀 스스로도 잘 알지 못했다. 그녀는 대학 1학년 휴학중이었고, 아버지는 없었고, 어머니는 미군을 따라 미국으로 가버렸는데, 최근 초대장을 보내왔고, 유일한 혈육은 이모였는데, 이모부의 병원비를 훔쳐서 서울에 와 있었으며, 돈이 되는 것이라면 무엇이든 할 수밖에 없는 상태였다. 그때 스물여섯 살의 안을 만나 그를 무작정 도와준 것이었다. 안은 인쇄소 사장이었고, 무엇보다 '문화혁명회'라는 반체제 지하 운동의 주요 멤버였다. 인쇄소는 말하자면, 아지트이자, 논문과 전단 등을 인쇄하는 곳이었다. 그녀는 인쇄소에서 여러 가지 일들을 도맡아했다.

왜 그랬을까. 보수도 적고, 문화혁명회 멤버들의 환영도 받지 못했으면서, 왜 학교도 휴학한 채 그곳에의 일에 자신의 모든 시간을 쏟아부었을까. 그녀는 스스로도 그 이유에 관해 명확히 말할 수 없다. 다만 그 일을 하면서, 정확하게는 안과 만나면서 생기가 생겼고, 안은 서울에서 자신에게 처음으로 친절을 베풀어준 사람이어서였다고, 스스로 명분을 만들 뿐이다.

모처럼 안과의 산책길에서 그녀는 그에게 무슨 말을 하고 싶어 했나. "우리의 겨울은 모든 병원균이 단번에 소독될 정도로 순수하게 차갑고 투명하네요."와 같은 말을 하고 싶었다. 참으로 문어체적이라, 바로 그 순간의 맥락이 아니면 도무지 사용될 것 같지 않은 문장을 전하고 싶었다. 그러나 그런 말이 나올 리 없다. 둘은 연애를 시작한 것도 아니고, 무엇보다 그녀가 보기에 안은 너무나 중대한 일을 하는 사람이었다. 그녀는 안이 감히 그런 말로 자신과 노닥거릴 사람이 아니라고 간주했다.

하릴없이 그녀는 안이 어떤 사람인지를 생각한다. 그는 자신보다 키가 크고 자신보다 더 말랐고 자신보다 더 나이가 많고, 또 자신보다 더 말이 없는 사람이다. 그 밖에 다른 연관이 없다. 그녀는 당황스럽다. 그와 연관이 없음에도 불구하고 왠지 그가 자신에게 매우 충격적인 어떤 것, 생의 방향을 단번에 바꿀 결정적인 말을 할 것 같기 때문이다. 다가올 파국을 감지하면서도 어쩐지 그 순간에 방임한 척함으로써 스스로 그 무엇도 거역하지 않고, 그 파국을 고스란히 받아들일 준비를 하는 자신이 낯설다. 게으르게 자신의 몸을 그 시간에 맡기고 상대가 자신의 생의 나침반을 바꾸는 것을 방치하는 것 역시 제 삶의 선택이라 믿는 신념이 두렵다.

그녀가 인쇄소에서 일할 때, 안과 다른 운동가들은 토론하고 논쟁하고 계획한다. 그녀는 있는 듯 없는 듯 묵묵히 일을 한다. 그녀는 단지 그 불균형의 균형 속에서 안을 향한 마음을 키워갈 뿐이다.

안이 그녀에게 어떤 가르침을 주거나 무언가를 바꾸려고 하지 않았지만, 그녀는 혼자서 바뀌어간다. 자신의 가난, 자신의 학업, 자신의 부모에 대한 원한과 욕망이 모르는 사이 삭는다. 마침내 그녀가 삶의 선회를 삼기 위해 겨우겨우 마련했던 '여권'마저 안의 부탁으로 '김희진'이라는 여성운동가에게 건네진다. 자신의 여권 속 사진은 김희진의 사진으로 바뀌고, 김희진은 '강하원'이라는 이름으로 출국한다.

안은 김희진을 자기 목숨보다 소중한 사람이라고 했다. 그녀에게 여권을 부탁하는 것조차도 김희진을 통한 짧은 메모 속에 있었다. 김희진이 출국하고 나서 안으로부터 온 것은 발신인도, 발신처도 없는 엽서 한 장에 단지 "강 양, 고맙소."가 전부였다.

그 후 그녀는 어쨌거나 지하조직에 연루된 까닭에 오랜 동안을 불안 속에 살아야 했다. 숨어지내면서 한 일이란, 안과 동료들이 남기고 간 논문들을 정리하고 재구성하여 어설프지만 각각의 논문으로 만들어두는 일이었다.

그렇게 아무 일도 일어나지 않는 동안에도 시간은 흘러, 그 시간 속에서 간간히 지면을 통해 안이 유명한 민중 예술가이자 운동가가 된 것을 알게 된다. 그녀는 연락하지 않는다. 그녀가 사는 근처 도시에서 안의 강연이 수 차 있었지만, 그녀는 그곳을 찾지 않았다. 다만, 김희진이 남기고 간 글과 자신이 숨어 있는 동안 가지고 있었던 그들의 논문을 안에게 전하기 위해 강연 주최자에게 간 적이 있을 뿐. 그 후 그녀가 정리했던 논문들의 일부가 안에 의해 잡지에 실린다.

그러던 어느 날, 자신의 여권으로 미국에 간 김희진이 죽었다는 것을 알게 된다. 신문에 난 짧은 부고.

지난 26일 뉴욕의 하이드 파크에서 한 한인 여인이 죽어 있는 채로 발견되었다. 이 여인은 이미 오래전에 무효가 된 강하원(41세)이라는 이름의 여권을 지니고 있었으며 한인회는 그녀의 신분을 부인한 바 있다. 불법 체류자 명단에 올라 있던 이 여인의 사인은 쇠약에 의한 아사로 판명되었다.

이제 강하원이 해야 할 일은 무엇일까. 그녀는 안에게 연락해야 하지 않을까. 그러나 너무 많은 시간이 지났다. 그녀가 할 수 있는 것은 너무 많은 시간이 흘렀다는 것을 긍정하는 것뿐이고, 그 인식과 긍정의 파편으로 자신의 과거사를 재생하는 것뿐이다.

이제 그녀는 마흔한 살이다. 결혼은 하지 않았다. 사랑한 적은 단 한 번 있었지만, 그는 그녀의 친구와 결혼해버렸다. 그녀는 자신이 그의 입장이라 해도 자기보다는 자기 친구를 선택했을 것이라고, 진심으로 생각한다. 지금 그녀는 20년 전에 하던 일과 비슷하게, 다른 사람의 논문과 그 논문을 위한 자료를 정리하는 일을 하면서 산다.

그녀는 안으로부터 회한조차 없애는 방법을 터득한 것일까. 그리움조차 느끼지 않는 것을 은연중 학습한 것일까. 물론 안은 가르쳐주지 않았다. 다만 안으로부터 스스로 인출한 것들이 그녀를 20년 동안을 살게 했을 뿐이다. 그녀는 20년 전을 이렇게 회상한다.

오래전의 그 시기, 술병 밑바닥 유리의 어두운 두께로 다가오는 그 시기는 어쩌면 내 일생에서 가장 사건적인 시기인지도 모르겠다. 그 시기라도 없었다면 나는 나의 삶에 대해 정말 이야기할 만한 것이 없어져버린다. 비록 그것이 많은 곡해와 불안과 의혹의 시기였다 할지라도 그때부터 무언가가 다시 시작되었기 때문에.

그런 그녀가 지금 길을 걸으면서 생각하는 것이란, 뜬금없이, 겨울에 동네 아이들을 모아 커다란 눈사람을 만들까 하는 것이다. 그녀가 떠올린 눈사람은 순백색이 아니라 회색이다.

사실 눈사람은 흰색이 아니다. 그렇게 순수하고 무구한 것은 애초에 있을 수 없다. 흰 눈사람이란 것이 얼마나 관념적인 언사일 뿐인지……. 어쩌면 그녀가 안에게서 배운 것은 바로 이것이 아닐까. 안이 곁에 없는 동안에도, 안으로부터 얻은 능력―논문을 정리하고 재구성하는 능력―을 발휘하여 안과의 일을 지속적으로 재구성하면서 맺은 잠정적 결론이란 바로, 모든 흰것들은 다 회색이다, 가 아닐까.

순백의 사랑이 어디 있으며, 순백의 기억이 어디 있을까. 무구해보이는 상처에도 우리는 채무감을 느낀다. 자신에게 상처를 준 안에 대한 채무감. 그 채무감 때문에, 그러나 그 빚을 아직 갚을 때가 아니기 때문에, 마흔한 살의 그녀는 안을 찾아가지 못하는 것이다. 망치로 때린 사람은 없고, 맞은 사람만 있는, 그래서 또한 안은 채권자가 아니다.

어렵고
모호한 그/녀들

김훈 『칼의 노래』

연인들은 김훈의 『칼의 노래』조차도 때때로 연애소설로 읽는다. '이순신'과 '여진'의 사랑이 있기 때문이다. 연인들은 이 사랑이 어떻게 끝이 나는가에 마음을 가져간다. 그리고 이순신이 여진을 어떤 시선으로 바라보는지, 그가 여진을 어떻게 안는지, 왜 버려야만 했는지에 집중한다.

이순신과 여진의 이야기 전에, 당신의 이야기부터 시작하자. 당신은 당신의 그/녀를 무엇으로 표상하는가. 눈빛? 코? 길고 가느다란 손가락? 묘한 색감과 질감을 발산하는 입술? 생각해보았는가? 그럼 다음 문장을 보자.

작고 둥근 어깨와 어린아이처럼 좁은 보폭, 그것은 여진女眞이었다.

'작고 둥근 어깨'와 '좁은 보폭'으로 표상되는 것은 도대체 어떤 것일까. 어떤 시선에서 이런 이미지가 포착된 것일까. 아니, 어떤 손길에서 이러한 공감각적 이미지가 포획된 것일까. 작고 둥근 어깨는 단지 시각이 아니다. 그것을 만졌을 때 손바닥에 닿는 슬픈 느낌을 포함한다. '좁은 보폭'도 시각이 아니다. 함께 걸었을 때 자꾸 뒤돌아보게 만들던 그녀의 보폭은 그의 몸의 감각과 근육 신경에 애처로움을 남긴 것이다.

그리고 그 여자는 향香으로도 각인된다. 아니, 향이라기보다는 문화적인 외피를 입힌 수식修飾이 불가능한, 어떤 냄새이다.

죽은 여진의 가랑이 사이에서 물컹거리는 젓국 냄새
그 여자의 머리 속에서 먼지와 햇볕의 냄새가 났다.

다시 묻는다. 당신의 그/녀는 무엇으로 표상되는가. 아마 대답하기가 더 어려워졌을 것이다. 당신의 답변은 교착 상태에 빠졌을 지도 모르겠다. 어쩌면 당신은 여진이 어떤 존재인지 더욱 궁금해졌을 것이다. 먼지와 햇볕 냄새가 나는, 물컹거리는 젓국 냄새가 나는, 작고 둥근 어깨와 좁은 보폭의 여자, 여진.

작가 김훈은 그의 세설 『너는 어느 쪽이냐고 묻는 말들에 대하여』에서, "냄새에 관한 생각은 냄새가 밀고 들어오는 감각에 흔들리는 것이어서 쉽게 정돈되지 않는다."고 하고, 또 "냄새는 방금 스치고 간 여자의 실체성을 증발시켜서 신기루처럼 떠다니게 한다."고 했다. 그렇게 정돈되지 않고, 흘러가버리고, 증발해버려 붙들리지 않는 신기

루 같은 것이 냄새일진대, 그렇다면 여진은 이순신에게 어떤 여자가 되는가.

이런 식이다. 순신과 여진이 밤의 어둠 속에서 몸을 푼다. 어둠만이 그들을 보호하는 방어벽이며, 그들은 무방비의 어린 짐승들처럼 옅은 미열 속에서 방치되어 있다. 그들은 슬픔의 진지를 쌓았다가 다시 서로를 허물어뜨리듯이 몸을 나눈다. 진루進壘는 파도처럼 나아갔다가 스러진다. 시간은 멈추지 않고 그들을 거슬러 간다.

소설 속에는 이렇게 표현되어 있다.

여자의 몸속은 평화롭고, 그 평화에는 다급한 갈증이 섞여 있다.

여자는 말한다. "나으리, 밝는 날 저를 베어주시어요……." 순신은 이 여자가 진실로 베어지기를 바라고 있다고 생각한다. 그는 그 여자를 부스러지도록 끌어안는다.

분명 이 부분은, 서사도, 표현도 삼류적이다. 삼류 여인숙에서 삼류 연애 감정을 과잉시키는 삼류 인생의, 해가 뜨면 다 잊을 삼류 관계이다. 삼류의 환상이며, 곧 깨어날 백일몽이다.

그렇지 않은가. 어떤 여자든, "나는 네 품에서 죽고 싶어." 혹은 "당신이 죽으면 따라 죽겠어."라고 말하고, 어떤 남자든 그럴 때 묵묵히 그녀를 부스러지도록 껴안고, 그 말이 진짜라고 적어도 그 순간에는 착각한다. 바야흐로 이 모든 남녀의 서사는 모던 뽕짝이자, 아방가르드 파두fado이다.

그러나 그 다음이 반전이다. 순신은 다음 날 여진이 깨기 전 잠자리에서 일어나고 그녀도 떠난다. 순신은 그녀가 어디로 갔는지 어느 누구에게도 묻지 않는다. 묻지 않는 것이 전장戰場에서 무인이 선택할 수 있는 유일한 것이라고 믿는 양.

떠났던 여진은 마침내 시신이 되어 순신 앞에 놓인다. 순신은 전쟁에서 죽은 수많은 사람들과 함께 구덩이에, 그냥, 그녀를 묻는다. 얼굴에는 어떤 동요도 내비치지 않는다. 그리고 한밤중, 아무도 없을 때 그녀가 묻힌 땅 위에서 오열한다.

여진은 순신이 옆에 둘 수 없는 여자였다. 어쩌면 그것이 바로 여진의 성스러움이다. 줄리아 크리스테바Julia Kristeva가 『여성과 성스러움』에서 말한 바, 성스러움은 얻을 수 없는 것에서 도래하는 것이며, 동물과 언어적 존재 사이에 있는 그 무엇이며, 힘과 무능력 사이의 균열과 좌절에서 느끼는 감미로움이라면, 여진은 딱 그만큼 성스럽다.

그러나 이는 역시 소통의 가능성과는 거리가 있다. 이순신과 여진 사이의 성관계는 합궁의 차원을 보여주는 것이 아니라, '그럼에도 불구하고 여전히' 신비로운 타자성을 구현하는 것일 뿐이다. 김훈의 세설을 인용하자.

나는 기본적으로 인간과 인간 사이의 소통은 불가능하다고 생각한다. (…) 사회를 유지하기 위한 규범, 법질서, 이런 기본 프레임을 통한 소통 밖에는 안 된다. 심오한 소통은 순전히 개인의 몫인데, (…) 나는 회의적이다. 가령 섹스처럼 남녀가 살을 맞대고 있는 경우도 남과 전혀 소통이 안 된다. 섹스 행위를 통해 확인할 수 있는 것은 자기 감각밖에 없다. 자기가 느낄 수 있을 뿐이지 상대가 느끼는 바를 느낄 수 없다.

김훈, 『너는 어느 쪽이냐고 묻는 말들에 대하여』

김훈의 이와 같은 지적은 지젝S. Zizek과 주판치치A. Zupančič의 "(섹스할 때) 환상을 위한 스크린으로서 타자를 이용한다."는 말을 연상시킨다. 극단적으로 지젝이 표현하듯이 성관계가 현실의 파트너를 가지고 자위하기까지는 아니더라도, 레비나스의 지적대로, 성행위는 완벽하게 하나됨이 불가능하다는 것을 재확인시킨다는 사실을 부인하기는 어려울 것이다.

따라서 여진의 성聖스러움은 충족되지 못하는 성性의 이면이기도 하다. 여진이 멀게 느껴질수록, 이순신은 그녀를 더 꼭 껴안을 수밖에 없다. 성聖과 성性은 상충되는 것이 아니라, 상호 그 결핍을 보충한다.

아니다. 단지 이렇게 편리하게 묶어버리기에 이순신이라는 무인武人에게 여진은 너무 모호한 존재이다.

나는 그 여자를 안듯이 그 여자를 베어주고 싶었다. 나는 내 몸을 그 여자의 몸속으로 밀어넣듯이, 그렇게 칼날을 여자의 몸속에 밀어넣고 싶었다.

무인이 여인을 안듯이 베는 것, 여인의 몸속으로 자신의 몸을 밀어 넣듯이 칼날을 밀어넣는 것은, 무인의 편집증에서 기인한 역설일까. 여자를 안는 힘으로 적을 맞을 수 있다고 찰나 생각하지만 다시 그 생각을 부정하는 것은, 여인을 방금 안은 무인의 분열증의 잔해일까. 아침에 여인보다 먼저 떠나고, 여인의 행선지(미래)와 내력(과거) 또한 묻지 않는 것은 도착증의 일면일까. 이렇게 전쟁은 무인을 편집증자, 분열증자, 도착증자로 만드는 것인가.

그럴지도 모른다. 이순신에게 바다가 전쟁터이자, 죽을 것을 알지만 기어이 찾아야 하는 사지死地였다면, 여진은 그에게 그저 모호한 텍스트였고, 그 텍스트의 코드는 언제나 낯선 형식이었을 것이다.

그러나 이순신에게만 그러할까. 일상이라는 전쟁터에서 살아가는 21세기 남자들에게 또한 그렇지 않을까.

아마 그렇지 않을 것이다. 만약 21세기 남자들이 무인이 아니라, 문인의 속성을 가지고 있다면 더욱 그렇지 않을 것이다. 왜냐하면 이 상황은 무인에게만 적용되기 때문이다. 이 소설에서 작가 김훈이 썼듯 문인들은 '헛것'이다. 헛것의 무의미한 세계에 속한 문인들에게는 여진과 같은 모호함과 낯섦은 더 이상 모호하고 낯선 것이 아니다. 그들에게 여진은 당연한 형식이다.

그러나 언제나 명징한 것만을 추구하던 순신에게 유일하게 모호한 존재가 여진이었기에, 아이러닉하게도 이순신은 그녀를 지키지 못했던 것이다. 그러니, 여진은 순신에게 언제나 '餘震', 즉 사라지지 않고 끝없이 지속되는 옅은 진동이었을 것이다. 그가 여진의, 혹은 여진이라는 평화 속에서 느꼈던 갈증은 그 여진女眞이 바로 여진餘震이었기 때문일 것이다.

냉소적이고 위악적인
이별 방지법

은희경 『마지막 춤은 나와 함께』

아직까지는 살 만하다. 이것이 내가 갖는 유일한 희망의 담론이다. 아직까지는 기다릴 만하다. 이것이 내가 갖는 유일한 사랑의 담론이다. 무력하고 수동적이고 대안은 언제나 네거티브한 것들이지만, 아직까지는 살 만하고 기다릴 만하다.

외로운 것도 반드시 나쁜 것만은 아니다. 외롭지 않으려고 애를 쓸 때 자신이 애처롭게 느껴지는 것이다. 그냥 물같이, 외로우면 그만이다.

이별한 자의 얼굴이 그래도 밝다면, 그것은 아직 살 만하다는 나름의 충족감 때문이다. 포기가 빨라서일 수도 있다. 포기는 때로 망각과 비슷해서 순식간에 '이건 안 될 일이구나……' 생각해버리면 그 일은 내 것이 아닌 게 되어버린다. 내 것이 아니니까 무덤덤해진다.

위악적인 사람은 그/녀를 기다렸고, 그래서 그/녀가 찾아왔지만, 그러나 그/녀가 떠날 때 그/녀를 붙잡지 않는다. 붙잡아도 그/녀가 떠난다면, 그것은 그/녀에게 죄책감을 안길 것이기 때문이다. 그/녀에게 죄책감을 주지 않으려는 것은 그/녀를 위한 것이 아니라 자신을 위한 것이다. 그/녀에게 죄책감을 안겼다는 기억은 끝까지 위악을 자처하기 어렵게 만들기 때문이다. 기억 속에는 자신이 그/녀에게 죄책감을 면제해준 것으로, 그래서 그/녀를 지켜준 것으로 새겨질 것이고, 그/녀의 기억 속엔 반대로 자신이 그런 것으로 각인될 것이니, 서로에게 갚을 빚이 없어지고 그냥 잊힐 것이라는 기대를 남겨야만 하는 것이다.

『마지막 춤은 나와 함께』의 '진희'도 비슷하다. 그녀도 기다리기는 하지만 포기가 빠르고, 쓸쓸해 하지만 쓸쓸함을 애써 다른 감정으로 치환시키려고 하지 않는다. 나쁜 일이 거듭 일어나지만 일어날 일은 반드시 일어난다고 생각하며, 삶이 자신에게 호의적이지 않은 것에 대해 과잉의 에너지를 소모해가며 성토하지도 않는다. 그런 에너지가 어딘가 있다면, 그 힘으로 차라리 인내하는 편을 택한다.

그 인내의 방식을 상징하는 코드가 '3'이다. 그녀는 애인을 셋 둔다고 공표하고, 이내 또 이렇게 수정한다.

내가 셋에 대해 말하는 것은 셋을 맞추려고 애쓴다는 뜻이 아니다. 다만 마음속에 셋 정도의 균형감을 갖고 있어야 한다는 의미이다.

그러나 그녀가 정말 균형감을 가지고 있었던가. 그녀는 '현석'에게 분명 기울어져 있었다. 현석에게만은 끝까지 냉소적일 수는 없었던 것이다. 그녀가 하는 '농담'은 모두 자기 진심을 들키지 않기 위한, 자신조차 기만하기 위한 것이었다.

진희가 현석에 대해 묘사할 때 그녀의 냉소성은 사라진다. 대놓고 그의 얼굴을 '좋다'라고 말할 때, 혹은 그는 자신이 좋아하는 얼굴을 가졌다고 말할 때, 그녀가 그토록 삭제하고자 했던 사랑의 환상성은 집요하게 그녀의 말끝에 달랑달랑거리고 있다.

그렇다면 진희의 고질적인 분열증은 어디서 유래되었을까. 그것은 어쩌면 현석으로부터 이입되거나 학습된 것일 수 있다. 현석이 진희를 대하는 방식이 어떠했는가. 진희의 말대로라면,

> 냉정하고 거만해보이는 현석의 표정 어딘가에 부자연스러운 자기 불안이 드러나는 순간이 있다. 그때마다 나는 냉소로 위장된 소심함이란 바로 저런 표정이구나 하고 생각하곤 한다.

연인이 이런 사람이라면, 이런 연인을 둔 사람도 비슷해질 수밖에 없다. 현석과 같이 자기 방어적인 사람은 자신이 버려지는 것도 두려워하지만, 그보다 더 두려워하는 것은 연인이 자신을 옭아묶는 것이다. 그것이 사랑이든, 욕망이든, 누군가에게 포박됨으로써 자기애를 미분해야 한다는 것을 참지 못하기 때문에 그들은 누군가와 가까워질수록 떠나려는 욕망을 동시에 갖는 것이다.

그러므로 그녀가 현석에게 언제나 자신에게 다른 애인이 있음을 환기시킨 것은 그를 떠나지 않게 하기 위함이었다. 질투를 유발시키기

위해서가 아니라 현석의 독신주의를 해치지 않게 하기 위해, 현석이 자신과의 관계에 대해 책임감을 느끼지 않게 만들기 위해, 사랑하지 않는 다른 두 사람, '종태'와 '상현'을 현석에게 환기시키고, 자신에게조차 사랑과 비슷한 감정을 두 사람을 대상으로 주물했던 것이다.

요약하자. 현석은 독신주의자였고, 종태는 유부남이었으며, 상현은 전남편이었다. 현석은 냉소적이었고 상처받기 두려워했으며, 종태는 아내도 있으면서 다른 여자들에게 '인기'를 얻고 싶어 하는 남자였다. 상현은 임신중의 진희에게 발길질을 하여 유산시켰다. 그러니 그녀가 취할 수 있었던 것은, 그 중 아무도 취하지 않는 것뿐이었다. 그러한 상태를 견디기 위해 냉소하고 위악적으로 굴었던 것인데, 그렇게 하지 않는다고 해서 더 좋아질 일도 없으니, 고통을 완충하기 위해서라도 그녀의 냉소와 위악은 어쩔 수 없었던 것이었는지도 모른다.

소설의 마지막은 마지막답지 않게 끝난다. 현석과 함께 들었던 노래 「마지막 춤은 나와 함께」가 다시 흐른다. 진희는 '모든 게 다 마지막이다. 마지막 춤이 아닌 것은 없다. 그리고 또한 마지막 춤도 없다. 단지 춤뿐이다.' 하고 되뇌지만 그녀는 알고 있었을 것이다. 마지막은 현석이었고, 이미 춤을 위한 음악은 끝났다는 것을. 그녀는 취중에 그것을 반쯤은 인정하고 또 반쯤은 부정해서 고통의 완충지를 만들고 있는 것이다.

그러므로 진희의 삶은 다른 사람과 별로 다를 것이 없다. 그녀는 세 명의 연인에 대한 사랑을 정량적으로 미분하는 소위 '선수'도 아니며, 연인이 떠났을 때 깨끗이 잊을 수 있는 '쿨'한 사람도 아니다. 세 명의 연인을 가질 수 있다고 말함으로써 한 명의 연인에게 집착하지 않으려는 사람일 뿐이며, 상처받지 않으려고 실연에 대한 애도의 연극을 서둘러 함으로써 스스로에게 최면을 거는 사람일 뿐이다.

은희경을 흔히 냉소와 위악의 작가라고 한다. 바라보는 자아와 보여지는 자아를 끊임없이 이분한다. 그로 인해 자기 자신조차 냉소하고, 결국 착하지 않은 것처럼, 악한 것처럼 남들에게 보여짐으로써 스스로 상처받는 것을 차단할 수 있게 된다는 것이다.

은희경의 냉소와 위악은 건강한 것이 아니다. 하지만 이것은 덜 병약해지기 위한 전략이다. 사람들 중에는 '절대적인 건강'을 누릴 수 없는 사람도 있다. 우리 사회는 사실 행복 강박증이 있기 때문에 어느 정도 우울하고 어느 정도 냉소적이고 어느 정도 위악적인 상태를 기피한다. 그래서 우울하고 냉소적이고 위악적인 사람들은 자신을 방어하기 위해 가면을 쓰고, 그런 자기 기만 때문에 더 병약해지는 경우가 있는데, 은희경 소설은 그럴 필요가 없다고 말해주는 것이다.

위악적인 이별에는 이런 것도 포함될까. 가령, 실연의 주체를 전도시키는 것 같은. 실연은 패배감을 안겨주지만, 실연을 선택하는 것은 패배감을 주지 않는다고 생각하여 서둘러 먼저 상대에게 이별을 선고하는 것. 그래서 자기 자신은 이별을 '당한' 사람이 되지 않게 하는 것. 그러나 정말 그럴까. 위악적인 사람은, 그래서 더 연인의 불모가 되는 것은 아닐까.

『마지막 춤은 나와 함께』의 진희는 이런 말을 하여, 상대의 포위망에 오히려 걸려드는 것이다. "남을 진정으로 사랑할 수는 없어. 사랑이란 다 변형된 자기애일 뿐이야. 그런 감정 필요하니까 자기 최면을 거는 거라구. 지속되는 사랑이란 건 없어." 이제, 그녀의 연인이 그녀를 더욱 강하게 붙들 차례이다. 현석은 이렇게 말하는 것이다. "그럼 내가 증명해볼까? 지속적인 사랑이 있다는 걸?"

그러나, 그래서 어떻단 말인가. 둘은 헤어지게 되어 있었다. 그 절박한 말은 헤어질 수밖에 없기 때문에 나온 말이었던 것이다. 위악적인 연인은 지독하게 헤어진다. 서로의 깊은 곳으로 내려가지 않으려고 발버둥치다가 가장 깊은 곳까지 닿은 뒤에야 비로소 헤어지는 것이다.

『마지막 춤은 나와 함께』 중에 이런 부분이 있다.

욕실에 들어가 욕조에 물을 받는다. 뜨거운 물에 목욕을 한 다음 집 안의 모든 커튼을 다 닫고 맥주를 마시고, 그리고 잠드는 것. 그것은 스스로의 처방에 의한 나만의 심리치료 요법이다.

낮에도 가능하다. 암막 커튼이란 것이 있다. 낮이 기묘한 색감의 밤이 되는 풍경이 온 집 안에 연출된다. 사방은 막히고, 나는 호젓하게 혼자다. 여기에 술과 음악이 더해진다.
술잔을 들고, 음악을 틀고, 그렇게 감정을 작위적으로 만드는 것에 거부 반응이 생기기도 할 것이다. 그러나 카타르시스의 상황을 조성하여 몸에 적체된 잉여의 감정을 버리는 것은 때로 필요한 작업이다. 그건 슬퍼하기 위해 슬퍼하는 것이 아니라, 슬퍼하지 않기 위해 잠시 슬퍼하는 것이기 때문이다.

　이렇게 타자들이 포진해 있는 객석으로부터 자신만의 무대를 완전히 차단했을 때, 커튼으로 제4의 벽_{연극 공연에서 무대와 객석 사이를 의미한다. 무대는 세 개의 벽으로만 싸여 있지만, 특히 리얼리즘 연극에서는 무대와 객석이 철저하게 분리되어 있다는 점에서, 그 사이를 제4의 벽이라고 한다.}을 완전히 닫아버렸을 때, 우리는 냉소와 위악에서 벗어나 나약한 자신을 온전히 드러낼 수 있다.

　이별을 하고, 이별을 부정하고 싶고, 위악을 행세하고 싶을 때, 이렇게 자신을 무대 뒤에 숨겨서 잠시 마음 놓고 슬퍼하는 것도 나쁘지 않을 것이다.

연애중 위험한 시도, 다이어트

은희경 「아름다움이 나를 멸시한다」

은희경의 「아름다움이 나를 멸시한다」는 이 연애소설도 아니고, 사랑에 관한 이야기도 아니다. 부자간의 이야기이다. 하지만 이 부자 관계의 이야기를 연인 관계로 유추하여 읽고자 한다. 이 소설은 '외모'에 관한 이야기이며, '다이어트'에 관한 보고서이기 때문이다.

우리는 헤어질까봐, 혹은 헤어지고 나서 외모를 바꾸면 어떨까, 생각 한다. 다이어트를 하기도 하고, 성형을 하기도 한다. 여기서 자신의 외모에 대한 시선의 주체는 '나'가 아니라 '나의 그/녀'이다. 나의 연인이 어떤 외모를 좋아하는지 궁금해 하고, 자신감이 없어 전전긍긍하기도 한다.

좀 뚱뚱한가? 눈이 너무 작은가? 코가 너무 큰가? 엉덩이는? 심지어 귀 모양과 발꿈치 각질까지 신경 쓰인다. 릴케R. M. Rilke의 「두이노의 비가」 중 "우리가 그토록 아름다움을 숭배하는 것은, 아름다움이 우리를 멸시하기 때문이다."라는 말은 이럴 때 더욱 우리를 초라하게 만든다. 릴케의 시구에서 '아름다움'은 적어도 연인 사이에서는, 아름다운 연인으로 읽을 수 있을 것이다.

 사랑할 때, 콤플렉스는 바로 '연인'이라는 콤플렉스이다. '연인'은 타자이다. 사르트르의 말대로, 그럴 때 연인은 '지옥'이다. 사르트르 J. P. Sartre가 타자는 지옥이라고 할 때, 그것은 시선의 문제였다. 타자의 시선에 언제나 걸려드는 자아는 지옥 속에 있는 것과 같다는 의미이다. 연인이라는 타자의 시선에서 자유롭지 못한 그/녀는 언제나 어떤 콤플렉스에 놓이는 것이다.

 소설 「아름다움이 나를 멸시한다」에서도 '그'는 '타자'(여기서는 아버지)의 시선에 만족스럽게 보이기 위해 다이어트를 한다. 먼저, 다이어트 관련 책자와 수첩을 사고, 인터넷으로 체중계를 주문한다. 그가 선택한 다이어트 방법은 탄수화물 섭취를 제한하는 것. 탄수화물이 든 음식, 예를 들면, 밥, 감자, 과자, 빵 등은 전혀 먹지 않고 단백질 위주의 식사를 한다. 아침엔 달걀, 두부, 야채를 먹고, 저녁에는 고기와 생선을 먹는 것이다. 점심때에는 회사 근처 식당에서 밥은 전혀 안 먹고 반찬만 먹고 나온다. 잘 먹는 것 같지만, 탄수화물을 먹을 수 없는 것은 아무래도 불만을 낳을 수밖에 없다. 우리의 본능은 탄수화물을 원하기 때문이다.

 그는 다이어트가 어려운 것은 몸속에 장착된 수백만 년이나 된 생존 본능 시스템과 싸워야 하기 때문이라고 말한다. 인간의 몸은 철저히 지방을 모아 저장하는 돌도끼 시대의 시스템으로 프로그래밍되어 있는데, 현대인의 미와 건강의 기준은 몸속의 지방을 남김없이 태워 없애야 하기 때문에, 다이어트란 것은 원시적 육체와 현대적 문화 사이의 딜레마일 수밖에 없다고 말하기도 한다. 아무튼 그는 과학적·인류학적 관점을 견지하면서 다이어트를 계속한다.

그뿐만이 아니다. 그는 지방과 탄수화물을 먹고 싶어 하는 또 다른 자기, 자기 몸속의 그 타자를, '원시인'이라고 이름 붙여서 자기 자신을 철저히 이분화한다. 먹지 않으려는 주체와 먹으려는 타자의 이분화가 이루어진 것이다. 그래서 그는 먹으려는, 즉 먹고 살아남으려는 동물적인 본능과 거기에 집착하는 몸의 시스템에 적의를 느끼기까지 하는데, 이것이야말로 혹독한 다이어트에서 생기는 여러 잔류 현상이다.

다시, 연인을 둔 그/녀의 다이어트로 돌아가자. 그/녀는 운동을 한다, 연인을 위해서. 그/녀는 식이조절을 한다, 연인을 위해서. 그런데, 그런가. 그/녀는 연인을 위해서 운동을 하고 식이조절을 했는가. 아니다. 연인의 눈에 비친 자기 자신에게 덜 부끄럽기 위해서 운동을 하고 식이조절을 했다. 자신 있기 위해서도 아니고, 연인에게 당당하기 위해서도 아니고, 멸시받는다는 느낌을 덜어내기 위해서, 그렇게 부정적인 느낌으로 다이어트를 했던 것이다. 그렇게 하여 체중을 줄였다고 한들, 그/녀의 자신없음은 사라지지 않는다. 연인에게 덜 부끄럽기 위해 다이어트를 했다는 사실만이 오롯이 남는다.

점점 내가 다이어트를 하는 것이 아니라, 다이어트가 나를 지배하게 된다. 내가 나의 몸을 보는 것이 아니라, 몸이 나를 평가하기 시작한다. 나는 '다이어트 시키는 나'와 '다이어트 되는 나'로 분열된다. 이 분열은 연인 앞에서 자신을 당당하지 못하게 만든다.

다이어트, 할 수도 있지만 쉽게 시작해서는 안 되는, 자기 분열을 최소화하면서 해야 하는, 위험한 시도이다. 다이어트를 하다가, "아름다움이 나를 멸시" 하는 데까지 치달으면 안 되는 거니까.

■ 이별자의 장소 3 - 미용실에서

이별한 후 우리는 종종 미용실을 찾는다. 그/녀와 만날 때 고수하던 머리 모양을 바꾸려는 것이다. 거울을 보면 그/녀와 함께 있던 자기 자신이 보이므로, 그 모습을 보지 않기 위해 미용실로 향하는 것이다.

머리 모양으로 그것을 가능하게 한다는 생각 자체가 우습기는 하지만, 그냥 그것부터라도 해보고 싶은 체념 같은 것이 있다. 머리를 달리 하면 거울, 그리고 커다란 쇼윈도 같은 데서 낯선 이미지가 버티어 설 것이고, 그만큼 그/녀와 함께 있던 자기 자신으로부터 멀어질 것이라고 생각하는 것이다.

이럴 때는 외모와 아름다움이 무관해진다. 헤어진 그/녀에게 아름답게 보이기 위해서가 아니라, 새로운 사랑 앞에 당당하기 위해서가 아니라, 헤어지기 전의 자기 자신으로부터 벗어나기 위해서 외모를 바꾸는 것이기 때문이다. 아름다움과 무관한 외관 수정은 담백하다.

무엇보다, 다이어트처럼 어렵게 칼로리를 계산하고, 복잡하게 탄수화물과 단백질의 양을 측정하고, 체중의 섬세한 수치에 민감해 하는, 일련의 용의주도한 과정이 필요치 않다. 그냥 내맡기면 된다. 미용실에 앉아서 눈을 감고 있다가 눈을 뜨면 충분히 낯설어서 예전의 자기 자신을 떠올리는 일이 조금씩은 뜸해질 것이다.

예컨대, 머리카락을 잘라, 얼굴을 분할하는 선을 다르게 그어, 얼굴을 그렇게 바꾸어, 아름다움이 나를 멸시하건 말건, 바람과 공기에 의해 우수수 몸을 뒤집는 머리카락들의 무게를 다르게 느끼며 하늘하늘 포자처럼 걸어도 좋으리라.

4.
분노하고 애도하라

자아는 상처를 받을 때라야만 말을 한다.

롤랑 바르트, 「사랑의 단상」

분노도
배워야 한다

최인호 「타인의 방」

실연을 겪고 나면 감기가 든 것처럼 잠이 온다. 자꾸만 잠이 온다. 그/녀에게 매달리듯 전화를 하고 나면, 그/녀와의 일들을 생각하고 나면, 지금 자신의 심정을 하나씩 짚어보고 나면, 앞으로의 날들을 생각하면 잠이 온다. 잠은 코끝에서 시큰거리면서 온다. 입안 가득 먼지가 꽉 찬 것 같은 이물감과 함께 잠이 온다. 삼키지 못하므로 혀끝은 메마르고 목구멍은 따끔거린다. 그러면서 잠이 온다. 잠들 수 없는 시간 때문에 잠이 온다. 잠은 몸을 무력화시키려는 적敵처럼 작정한 듯 쏟아진다. 인해전술이다. 중력을 가진 안개 더미이다. 무기력해진다.

내 몸은 간혹 모래로 만든 토르소 같다고 생각한다. 머리도, 팔도, 다리도 없다. 잘려나간 자리에는 통각만이 자리한다. 전화기 속 목소리를 듣는 것은, 머리통의 귀가 아니다. 말을 하는 것은, 입맞춤을 욕망하는 것은 허연 얼굴의 구멍인 입이 아니다. 모든 것이 둥그스런 몸통에 있다. 몸통은 전혀 분화되지 않았다. 몸통은 손가락이 되었다가 귀가 되었다가 입이 되기도 한다. 기관이 없다. 크리스테바라면 '코라' Chora라고 했을 것인가. 들뢰즈라면 '기관 없는 신체'라고 했을 것인가. 아니다, 그저 통각을 느끼는 것이 몸통일 뿐이다. 현재의 감각은 단지 통각밖에 없기 때문에 그/녀에게 전화를 해도 될까 머뭇거리며 끊임없이 전화를 들었다 놓았다 하는 동안의 손가락의 통증도 몸통에서 시작되고, 그/녀의 목소리를 듣는 귀의 아스라함도 몸통의 동통이 된다. 입맞춤이 사라진 입의 고독도 몸통의 슬픔이 된다.

이제 몸통은 벽에 박힌 부조가 된다. 입체감이라고 할 수 없는 얇은 요철만이 겨우 존재하는, 그러면서 삼면은 벽에 갇혀버린 부조인 것이다. 그럴 때 자신의 집조차 낯설고, 자신은 집 안을 부유하는 유령처럼 느껴진다. 하지만 이것은 진정, 과장이다.

과장의 수사를 잔뜩 늘어놓은 영화와 소설이 있다. 김기덕의 영화 「빈집」과 최인호의 소설 「타인의 방」.

'빈집'에서 주인처럼 살아가는 사람(「빈집」)과, '제집'에서 무허가 세입자처럼 살아가는 사람(「타인의 방」) 중 진짜 삶을 사는 자는 누구일까.

「빈집」에서 '태석'은 빈집을 찾아다니며 마치 자기 집처럼 살아가는 사람이다. 남의 집에 들어가 무언가를 훔치고 어지르는 것이 아니라, 청소하고 정리하며 자기 집처럼 살다가 주인이 들어올 때 즈음 다시 다른 빈집을 찾아가는 것이다. 그러다가 태석은 빈집인 줄 알고

'선화'의 집(정확하게는 '선화 남편의 집')에 들어갔다가, 거기서 남편에게 맞고 사는 여자 선화를 만나게 된다. 태석은 선화를 데리고 함께 빈집을 순례한다. 그들은 빈집이라는 간이역에 잠시잠시 머물며 '편안하게' 지낸다.

그런 그녀는 결국 마지막에 제집을 빈집으로 만드는 것을 선택한다. 빈집은 태석에 의해 만들어지므로, 태석과 함께 '제 빈집'에서 사는 것이다. 물론 남편도 함께. 태석의 존재를 모르는 남편이 이제 그들(선화와 태석)의 타자가 된다. 틈새 존재인 태석이 주체로 등극함으로써 제집조차 빈집이 되는 기막힌 대단원.

소설「타인의 방」은「빈집」과는 반대로, 주인공이 영영 타자가 되는 이야기이다. 남편이 일주일간의 출장을 마치고 집으로 들어왔을 때 아내는 없고, 아내의 메시지만 한 장 있었다.

여보, 오늘 아침 전보가 왔는데, 친정아버님이 위독하시다는 거예요. 잠깐 다녀오겠어요. 당신은 피로하실 테니 제가 출장 가신 것을 잘 말씀드리겠어요. 편히 쉬세요. 밥상은 부엌에 차려놨어요.

「타인의 방」에서 남편은 이런 아내를 두고 이렇게 말한다.

나는 아내가 다른 여인과 다른 성기를 가진 것을 잘 알고 있다. 그녀의 성기엔 작구가 달려 있다. 견고하고 질이 좋은 작구이다. 아내는 내가 보는 데서 발가벗고 그 작구를 오르내리는 작업을 해보이기 좋아한다. 아내의 하체에 작구가 달린 모습은 질 좋은 방한용 피륙을 느끼게 하고 굉장한 포옹력을 암시한다.

아내는 남편에게 성기로만 표상되고, 그 성기는 '견고하고 질이 좋은 작구'로 표현된다. 아내를 단지 자신의 성적 페티시로만 여기는 것이다. 아내가 없는 집, 그는 '아내'가 그리운 것이 아니라 '질이 좋은 작구'가 그리운 것이다. 이것은 아내에 대한 완전한 물화이다.

소설은 이런 남편을 응징한다. 남편을 물화시키는 것이다. 이것은 인과응보이다. 그래서 이 소설은 어떤 측면에서는 권선징악의 모던 버전이라 할 수 있다. 이렇게 일종의 트랜스폼^{transform}이 이루어진다.

크레용들이 허공을 난다. 옷장 속의 옷들이 펄럭이면서 춤을 춘다. 혁대가 물뱀처럼 꿈틀거린다. 용감한 녀석들은 감히 다가와 그의 얼굴을 슬쩍슬쩍 건드려보기도 했다. (…) 트랜지스터가 안테나를 세우고 도립하기 시작한다. 그러자 재떨이가 박수를 치기 시작한다. 소켓 부분에선 노래가 흘러나온다. (…) 그는 서서히 다리 부분이 경직해오는 것을 느꼈다.

"다리 부분이 경직"되면서 그는 석고상처럼 굳는다. 그리고 다음날, 그는 없다. 그의 시선조차 없다. 그의 시선으로 전개되던 이야기는 집에 들어온 아내의 시선에 의해 주도된다. 아내는 '무언가'를 본다. 그건 이제 소용이 닿지 않는 물건처럼 보인다. 그녀는 그 물건을 다락 잡동사니 속에 넣어버린다. 그리고 그 집을 나간다. 다시 '친정아버지가 위독'하다는 내용의 메모를 남기고.

이 소설은 영화 「빈집」처럼 판타지가 가미되어 있다. 그러나 판타지를 판타지로 남겨두지 않는다. 「빈집」에서 선화와 태석이 함께 체중계 위에 올라갔을 때 '0킬로그램'이 되는 판타지적 장면으로 결국 태석은 선화에게만 보이고 감지되는 사람으로 표현된다. 그리고 선화와 태석, 선화의 남편이 한 집에 함께 사는 것에 대해 판타지적인 핍진성신뢰성, 개연성이 의심되지 않는다. 「빈집」을 통해 관객들은 판타지 세계의 가족과 연인을 상상하는 것으로 끝내지 않고, 자기의 가족과 연인을 떠올리면서 억압과 자유를 떠올리게 되는 것이다.

마찬가지로, 「타인의 방」에서도 남편이 석고가 되고 그의 아내가 석고가 된 남편을 다른 물건들과 함께 내버리는 판타지적 장면을 독자들은 판타지로만 소비하지 않는다. 심하게 말하자면, '석고가 된 남편들이 다락방 어딘가에 있지나 않을까' 하는 기묘한 생각을 잠깐은 허락한다.

물론 남편들만은 아닐 것이다. 어떤 아내들은, 남편을 물화시키는 아내들은, 자신의 몸을 제집에 저당잡힌 채 물건들 중 하나로 굳어져 가는지도 모른다.

그러니 남편은 아내를, 아내는 남편을, 물화시켜 소유하려고 해서는 안 될 것이다. 에리히 프롬^{Erich Fromm}이 '소유냐/존재냐'라고 물은 것은 부부 사이에도 적용된다. 부부는 서로에게 여전히 실존적 존재여야 할 것이다. 누군가의 소유로 포섭되는 것이 아니라, 스스로 하나의 존재로서 독립적이어야 하는 것이다.

당위를 제시하려는 것이 아니다. 금지조항을 만들려는 것이 아니다. 그에 앞서, 스스로의 실존을 베이스캠프로 삼아 언제나 그 실존으로 다시 돌아올 수 있어야 한다는 것이다.

이별에 대해서도 마찬가지이다. 이별의 상황에서도 실존을 허공의 집으로 만들어서는 안 된다. 예컨대 이별한 후, 상대가 최소한의 예의조차 지키지 않을 때 스스로의 실존을 위해서 진실로 '분노'해야 한다. 그 분노를 표출해야 한다.

분노란, 교감 신경계를 흥분시키는 스트레스 호르몬들이 급격하게 분비되고, 심장이 빨리 뛰고 혈압이 올라가기 시작하고, 자기 방어를 위한 준비 단계로 근육에 힘이 들어가는 상태이다. 그런데 이 상태를 무조건 제어하고 억누르면 준비된 모든 호르몬과 혈압과 근육의 힘은 고스란히 자기 모멸감으로 돌아온다. 울화병이란 게 다른 것이 아니다. 분노란 무조건 억압해야 하는 부정적인 감정이 아니다. 「빈집」에서 남편의 폭력에 선화가 분노했던가. 아니다, 그녀는 유령처럼 집 안을 배회할 뿐이었다. 선화에게 필요한 능력은 바로 분노하는 능력이었다.

이별할 때에도 공정거래법을 지켜야 한다. 상대가 그 법을 어기고 전횡한다면, 그 아픔을 어찌할 바 몰라 단지 자기 자신을 파먹으면서 집 안에서 유령처럼 떠돌거나, 부조처럼 벽으로 숨어들 것이 아니라, 분노해야 한다. 그것이 또한 실존을 수호하는 방법이다.

애도는
(불)가능하다

이성복 「남해 금산」

어떤 때 '(불)가능'이라고 표기하는가. 무언가가 '가능'하긴 하지만, 불가능하다는 것을 전제했을 때에야 비로소 가능한 경우일 때이다.

'애도'야말로 그러하다. 이별 후 애도는 불가능한 것처럼 보인다. 진정으로 충분히 슬퍼하기, 그러고나서 그/녀를 떠나보내기. 그건 쉬운 일이 아니다. 하지만 이 과정은 거쳐야 한다. 비록 끝내 그/녀를 자신의 영혼으로부터 떼어내지 못하더라도 그/녀와의 인력에 대항하는 마찰력은 견뎌야 한다.

초기 프로이트S. Freud는 「애도와 우울증」에서, 실연을 겪고 나면 반드시 애도를 해야 한다고 했다. 만약 애도가 불충분하거나 제대로 되지 않으면 우울증에 걸린다고 했다. 실연 후 우울증에 걸리지 않기 위해서는 그 이별이 자기 잘못이라고, 자기가 못나서 그렇다고 생각하지 않아야 한다고 했다. 자존감을 지키면서 슬퍼하라는 것인데, 슬픔이 자존감을 돌아볼 여유가 있을까. 하지만 그 사랑이 진심이었다면, 어느 순간 자신이 진심으로 사랑받았다는 것을 떠올린다면 자존감을 완전히 잃게 되지는 않는다. 그리고 사랑했던 자신의 생을 사랑하고, 사랑했던 연인의 생을 존중해주고 싶다면, 그/녀에게로 향했던 리비도libido를 고요하게 다시 회수하는 것이다.

흔히 우리는 헤어지고 나서, 내가 뭘 잘못했기에, 너는 얼마나 잘났기에, 이런 마음을 품게 된다. '내가 뭘 잘못했기에'는 죄책감의 표명인 것 같고 '너는 얼마나 잘났기에'는 자존감의 표현인 것 같지만, 사실 역설적으로 '너는 얼마나 잘났기에'도 자기 비하감의 표명이다. 그런 반문 자체가 자존감이 훼손되었을 때 나오는 거니까. 죄책감, 자기 비하감, 자존감의 훼손은 애도를 불가능하게 한다. 절대로 그/녀를 떠나보낼 수 없는 것이다. 그/녀에게 향했던 리비도는 방향을 상실하면, 자신의 상처를 치유한답시고, 사랑하지도 않으면서 누군가와 연애 비슷한 행위를 하고, 다시 똑같은 실연을 반복하기도 한다.

애도는 어렵다. 어쩌면 불가능하다. 그래서 후기 프로이트는 『에고와 이드』에서 실연 후 발생하는 우울증을 병리적이거나 정신적인 질병으로 간주하지 않았다. 이별한 모든 자아ego는 우울증적이라고 말했다. 떠난 연인은 내 자아 안에 다시 자리잡는다. 자아와 연인의 합체incorporation가 일어난다. 지금 여기에 있지 않은 연인은 더 이상 나의 외부에 존재하는 객관적 존재가 아니라, 내 안으로 들어와 나의 자아를 구성하는 일부가 된다. 그리고 나는, 헤어진 연인을 향한 리비도가 그대로 남아 있는 침전물과 끝내 버리지 못하는 욕망과 사랑을 저장한 어두운 창고가 된다. 이것이 '정상'이다. 우울증적으로 사는 것. 이별한 자의 정상적인 정체성은 필연적으로 우울증적인 것이다.

그러나 그렇더라도, 리비도의 방향을, 어렵더라도, 온전히 자신에게로 향하게 해서 애도의 시간을 가져야 한다. 회수된 리비도를 나약해진 자기 자신만을 위해서 사용하는 시간을 가져야 한다. 그 시간 동안 자신도 몰랐던 자기의 모습을 알게 되기도 한다. 분명 그/녀를 잃었지만, 자기 존재의 상실은 아니다. 자신의 전 존재가 떨어져나가는 듯하더라도, 그건 슬픔의 시기에 거쳐야 할 과정이다. 봄날이 갔듯이 이별의 날들도 지나간다. 이별의 날들에는 자신에게 면책특권을 허용해도 좋을 것이다. 오래 칩거해도 좋을 것이다. 충분히 슬퍼할 시간과 공간을 자신에게 부여하는 것이다. 그리고 헤어진 연인과의 합체에서 점점 분리되어야 한다.

이성복의 「남해 금산」에는 일상적이고 선조적인 시간을 넘어서, 우주적이고 순환적인 시간 속에서 슬퍼하는 호모세퍼러투스가 나온다.

한 여자 돌 속에 묻혀 있었네
그 여자 사랑에 나도 돌 속에 들어갔네
어느 여름 비 많이 오고
그 여자 울면서 돌 속에서 떠나갔네
떠나가는 그 여자 해와 달이 끌어주었네
남해 금산 푸른 하늘가에 나 혼자 있네
남해 금산 푸른 바닷물 속에 나 혼자 잠기네.

사랑은, "한 여자 돌 속에 묻혀 있었네, 그 여자 사랑에 나도 돌 속에 들어갔네", '그리고 함께 잘 살았네.'도 아니고, "나도 돌 속에 들어갔"지만 '그 여자 나를 떠나서 나도 그 여자 잊고 살았네.'도 아니고, "그 여자 사랑에 나도 돌 속에 들어갔"지만, 그 "여자 울면서 돌 속에서 떠나갔"고 그래서 "나 혼자 있네 (…) 나 혼자 잠기네."로 끝나는 것이 아닐까.

무엇보다, 혼자 남은 내가 있는 곳은 '돌 속'이다. 돌 속에 잠겨서 한 발자국도 떠나오지 못하는 상태. 그렇지 않던가. 이별을 한 후 온몸이 굳어진 돌덩이가 되어 방 모서리에 박혀 있다가, 일어서려 해도 일어설 수 없었던 때가 있지 않았던가.

사랑은 시작부터 초현실주의적이었다. 전혀 현실적이지 않을 것 같은 것들이 한꺼번에 현실이 되어버리는 기막힌 순간의 연속이었다. 그래서 이별조차도 돌 속에 들어가는, 온몸에 돌을 심는 초현실적인 일이 된다. 그러나가 애도가 끝나고서야 비로소 사실주의적인 일상이 시작된다.

돌 속에서 남자의 애도가 계속 될 것이다. 떠난 여자를, 완전히 떠나보내기. 애도의 시간을 잘 보내야만 그 사랑이 '진실'로 자신의 삶에 등재된다. 애도의 시간을 거치지 않으면, 더 이상의 사랑은 없을 수도 있다. 여전히 자아 속에 그 연인이 있다면, 자아는 죽은 아이를 품고 있는 태내와도 같다. 차라리 자아 밖에 그/녀의 자리를 두고 간혹 그/녀를 보러 가도 좋을 것이다. 애도는 그러므로, 내 삶을 아끼는 의식 같은 것이다. 내 삶을 정화시키는 제의 같은 것이다.

한편, 실연 후 연인을 '빨리' 잊는 '건전한' 사람은, 실로 '건강하지 못한' 사람이다. 그것은 연인을 '잘' 잊는 것이 아니라, 잊지 못해서 서둘러 도피하는 것이기 때문이다.

애도가 백 퍼센트 달성되지 않을 수도 있다. 중요한 건, 완전히 애도가 달성되지 않더라도 자신을 탓하지 않는 것이다. 간혹 기도하는 마음으로 애도의 모드로 자신의 슬픔을 물끄러미 바라보는건 어떨까.

영화 「봄날은 간다」의 한 장면이다.

은수: 헤어지자.
상우: (오래 침묵) 내가 잘할게.
은수: (침묵) 헤어지자.
상우: (침묵) 어떻게 사랑이 변하니?
은수: (침묵)…….

"내가 잘할게."라고 말하는 것은, 이별의 상황을 받아들이지 못하기 때문이다. 자신이 잘 못했기 때문에 이별통보를 받은 것이라고 생각하기 때문에 그래서 상대에게 미안하다. 그러나 이별의 상황이 재확인되면, 분노한다. "어떻게 사랑이 변하니?" 그리고 그 분노가 삭지 않은 영화 속 남자는 여자 뒤를 쫓아가서 그녀의 차를 날카로운 것으로 긁는다. 애도의 과정이 있기 전 단계이다. 그는 너무나 아픈 것이다. 그 아픔을 그녀의 차에 '시각적'으로 증명하는 것이다. 그리고 그는 진정으로 더욱 아파하고, 그 아픔에 할머니를 떠나보내는 애도의 아픔까지 얹혀서, 마침내 그녀를 조금씩 떠나보내게 된다.

단언컨대, 누구라도 헤어진 연인을 완전히 잊지는 못할 것이다. 잔인하지만, 애도는 오랜 시간 공회전만 한다. 애도해도, 애도해도, 애도는 끝나지 않고 영혼의 에너지를 조금씩 갉아먹는다. 그래서 영혼은 계속 채워져야 한다. 어쩌면 또 다른 사랑으로, 혹은 자기 자신을 사랑하는 마음으로.

우리는 그 수많은 이별에 대한 애도의 에너지를 비축하기 위하여 더 사랑해야 하는지도 모른다. 사랑은, 오래전 우리가 겪은 이별의 애도를 위한 것이다.

사랑을 잃고
쓰네

이태준 「석양」

사랑을 잃고 나는 쓰네 (…)
가엾은 내 사랑 빈집에 갇혔네

기형도, 「빈집」

일어나지 않았지만 가능했던 일이 있고, 일어났지만 실은 불가능했던 일도 있다. 우리는 이별을 후자의 일로 받아들이고 싶다. 이별이 있었지만, 그것은 아무리 생각해도 불가능했던 일인 것이다.

그 불가능했던, 하지만 일어나고야 말았던 이별에 대해 자기 자신에게 납득시킬 시간이 필요하다. 이미 수많은 언어와 반*언어들이 온몸을 갑갑하게 채우고 있음을 느낀다. 그 무게로 한없이 가라앉을 때는, 끼적거릴 수밖에 없다. 소위 저널테라피Journal therapy는 그런 것이다. 마음속에 적체된 언어와 반언어들을 풀어주는 것.

이태준의 소설 「석양」은 저널테라피의 결과물이다. '매헌'은 '타옥'

을 만났고, 타옥은 매헌을 떠났다. 그래서 그는 그녀의 떠남을 스스로에게 납득시켜야 했다. 매헌은 소설가 '이태준'의 분신이며, 이 소설은 그러므로 이중적으로 읽힌다. 주인공 매헌의 소설이기도 하며, 작가 이태준의 작품이기도 한 것이다.

그들이 처음 만난 것은 경주에서이다. 유한 계급의 소설가, 또 다른 직업을 가질 필요가 없는 지식인 소설가가 돈을 넉넉히 준비하여 경주로 집필 여행을 떠난다. 거기서 한 소녀를 만난다.

정확하게, 중년의 노년으로 접어드는 50대의 소설가인 매헌과, 도시에서 영문학을 전공하는 20대의 타옥이라는 소녀가 여름, 경주에서 만난다. 타옥은 여름방학이라 경주에서 고완품점古翫品店을 하는 자기 집에 와 있었다.

타옥의 초록나뭇잎이 찍힌 원피스에 매헌의 시선이 머문다. 다음엔 타옥의 거침없는 말에 매료된다. 예컨대 이런 식. 타옥은 그때 마침 매헌이 쓴 책을 읽고 있었는데, 물론 자기 앞에 선 남자가 매헌이라는 걸 모르고, 그 책에 대해서 이렇게 품평한다. "고독을 예찬한답시고 쓴 건 되려 고독을 수다로 만들어놓았어요." 매헌이 비로소 자신이 그 책의 저자임을 밝히자 "다니지 마세요, 글만 못하세요."라고 한다. 매헌은 타옥의 이 말에, 더듬더듬, "나는 글장사니까, 글 역시 내 것이니까, 나 역시 기쁜데······."라고 말하지만 속으로 자기 글에 대해 질투를 느낀다. 자기 글에게 질투를 느낄 만큼 타옥에게 잘 보이고 싶었던 것이다.

그리고 이 발랄한 아가씨는 매헌에게 식사를 할 만한 곳을 추천해 주고, 자신도 그곳에 미리 가서 매헌이 식사를 마치기를 기다린다. 그 다음, 역시 당연한 수순으로 둘은 함께 경주를 산책한다. 청운교, 백운교의 돌층계를 오르며 그녀는, "신라 여자들은 어떤 신발이었을까." 궁금하다고 매헌에게 혼잣말처럼 말을 건네기도 한다. 마치 매헌과 함께 있는 그 시공간을 신라의 시공간에까지 빅뱅을 일으켜 매헌을 현기증나게 하려는 듯. 정말로, 이때 매헌은 아스라이 자기 삶의 황혼과 석양을 느낀다. 이 소설의 제목이 「석양」인 이유가 여기에 있다. 이 석양은 매헌의 삶의 시간대를 말하는 것이다. 아름답지만 그것이 대단원을 향한 아름다움이기에 안타깝고 쓸쓸한 인생의 시간.

타옥을 만나지 않았더라면, 매헌은 석양을 느끼지도, 석양의 아름다움에 흠뻑 젖지도 못했을 것이다. 이런 것도 사랑일까. 만약 매헌이 타옥을 사랑했다면, 그것은 자신의 삶의 시간을 안타깝게 느끼게 해주었기 때문이라고 말할 수 있을까. 자신에게 생의 시간을 의식하게 해주는 사람도 또한 연인이지 않을까.

사랑을 하게 되면, 우리는 언제나 그 사랑이 너무 '늦게' 도착했다고 안타까워한다. 그것은 시간에 대한 자의식 때문이고, 시간에 대한 자의식이 생기는 것은 역시 사랑 때문이다.

매헌의 시간에 대한 자의식은 현실적으로 둘을 헤어지게 만든다. 매헌은 타옥에 비해 나이가 많다. 나이가 많다는 것은 성숙해야 한다는 뜻이고, 그것은 사회적 의미를 갖는 용어이다. 성숙의 사회적 의미는 어떤 경우엔 포기를 지시한다. 무엇보다 경주는 타옥에게 방학 때 잠시 들르는 집이고, 매헌에게는 여행지였기에, 매헌은 그 상황에 기대어 경주를 떠난다. 그렇다고 매헌이 경주를 영영 잊었을까. 아니다. 매헌은 다음 해 봄을 미처 다 보내기도 전에 다시 경주를 찾는다. 또다시 여행이라는 상황에 기대어.

그때 매헌은 타옥이 성숙했다고 느낀다. 왜 그럴까. 그것은 그녀의 시간을 더 당겨야 했기 때문이다. 그녀가 성숙하게 보여야 그녀에게 더 다가갈 수 있는 것이다. 그러나 그녀를 성숙하게 보는 시선에 대한 비용도 만만치 않다. 매헌은 타옥에 대한 경이와 자신에 대한 환멸로 얼룩진 심경을 어떻게 수습해야 할지 갈등한다.

매헌이 보기에, 타옥은 자신처럼 어떤 '특별한' 감정을 느끼는 것 같지 않다. 그 거침없던 여자아이는 여전히 물같이 담담하기만 하다. 매헌은 '차라리 다행'이라고 여긴다. 그래서 타옥의 방학이 끝났을 때 이별도 자연스럽게 받아들이려고 한다.

하지만 두 번의 이별은 타옥에 대한 그리움을 더욱 증폭시킨다. 마침내 매헌은 해운대로 집필 여행을 하게 되고 그곳으로 타옥을 부른다.

경주에서 해운대까지, 풀빛의 능陵을 지나서, 시간을 넘어서, 속도를 느끼면서, 마침내 파란 바다에 이르는 동안 마음의 동선은 어떻게 이동할까. 타옥은 어떤 심경으로 해운대에 왔을까. 해운대에서 매헌과 온천에 가고, 해변도 거닐면서, 그녀는 역시 계속 물같이 맑기만 했을까.

아니었을 것이다. 그녀에게서 어떤 비밀스런 알리바이가 감지된다. 이 소설은 반전을 예비하고 있다. 해운대에 있던 어느 날 아침에 매헌은 타옥이 남기고 간 편지를 발견한다.

선생님 전 갑니다. 최근에 약혼을 했습니다. 어젯저녁에 이야기 끝에는 이런 말씀도 드리려고 했으나 그만 기회가 없었습니다. 오늘 아침 배에 그이가 동경으로부터 와요. 부산으로 마중을 가려니까 선생님 깨시기 전에 그만 갑니다. 용서하세요, 네? 너무 무리하시지 마시고 편안히 쉬시며 좋은 작품을 잘 완성시켜가지고 올라가시기 바랍니다. 선생님! 저이들 장래를 축복해주세요 네?

무엇을 용서하라는 것일까. 사랑이 아니라는 것을 알면서, 상대는 사랑이라는 것을 알면서, 상대의 사랑을 받기만 하면서, 사랑이 아니라는 것을 말하지 않은 것을 용서하라는 것일까. 타옥은 '좋은 작품을 잘 완성'하라고 말한다. 스스로, 매헌의 뮤즈역을 자처한 것일지도 모른다. 그녀는 매헌의 롤리타가 아니라, 뮤즈였다. 자신은 단지 매헌의 뮤즈였으므로, 그것은 사랑이 아니었으므로 매헌의 곁에 있었다고 생각했는지도 모른다. 그러나 매헌이 자신을 '사랑'한다는 것을 알고부터, 그에게 미안한 마음과 그러나 계속 미안할 수밖에 없을 거라는 불편한 예감이 섞였을 것이다.

타옥의 마음이나 의도를 추측하는 것은 무리일 것이다. 이 소설은 매헌의 관점으로 쓰였기 때문이다. 50대 소설가의 관점이므로, 20대 여자에 대해 한없이 관대하다. 그는 생의 '석양'을 느끼게 해준 그녀에게 고마웠을 것이고, 자신의 시간이 너무 앞서 가버린 것에 대해서, 자신의 나이가 너무 많은 것에 대해서 미안했을 것이다. 너무 늦게 만나게 된 것조차 미안했을 것이다. 고맙고 미안하기만 한 타옥과의 이별이기에, 그는 그 이별조차 받아들여야 한다고 생각했을 것이고, 받아들여야 한다고 자신을 설득시킬수록 억울했을 것이다. 타옥에게 억울하다고 할 수 없어서 더 억울했을 것이다.

   그러므로, 매헌은 쓸 수밖에 없었다. 타옥을 미결정의 신비한 존재로 남겨두는 글쓰기. 매헌의 저널테라피는 바로 그런 것이다. 아마 이태준도 그렇게 쓰지 않았을까. 떠난 그녀에 대한 원망의 글쓰기를 하고 싶었을 것이나, 결국 그녀를 사랑했으므로 그녀를 용서하는 글쓰기를 한 것은 아니었을까.

생의 끝에서 만난 애도

박완서 「그 남자네 집」

헤어지고 나면 차츰, 그/녀를 보지 않는 시간이 아니라, 그/녀를 보지 않아도 되는 시간이 길어진다. 그/녀가 없어지는 것보다, 그/녀가 없어져도 살 수 있는 것이 더 두렵게 된다. 잊힌 사랑에 대한 슬픔은, 그/녀가 사라졌다는 것에 대한 슬픔이라기보다, 그/녀에 대한 사랑이 사라졌다는 것에 기인하기도 한다.

그런데 그/녀의 집을 떠올려보면, 나에게는 여전히 그 집의 잔음과 잔향이 남아 있다. 예컨대 그/녀가 나에게 말을 건넬 때 어둑해져 오던 마른 슬픔의 울림, 그/녀가 나를 만질 때 조여오던 벽, 점점 좁혀오던 나와 그/녀의 자리, 마침내 벽 속으로 파묻히던 그/녀와 나의 몸. 그때 음악이 들리기 시작한다.

그러나 그 음악은 불협화음이다. 서로가 서로를 보충하지 않고, 절대치로 따로따로 흩어지는 음악. 쇤베르크 12음계의 무조無調 음악 같기도 하고, 아예 청각이 아니라 촉각으로 울려오는 음악 같기도 하고, 스트라빈스키「불새」의 격정을 거세하고 도리어 그것을 가장 낮게 읊조리는 듯한, 그래서 마치 곡성哭聲처럼 들리기도 하는 음악이다.

박완서 소설『그 남자네 집』은 이미 노년이 된 여자가 '그 남자네 집'을 추억하는 이야기이다. 연애 기억 서사물이 모두 그렇듯이 통속적이다. 그러나 그 기억의 주체가 일흔을 넘기고 있다는 것, 그리고 그 기억의 대상이 더 이상 이 지구의 시간을 살아내고 있지 않다는 것, 그 특이변수가 우리를 다른 차원으로 이동시킬지도 모른다. 무엇보다, 우리가 일흔이 되었을 때를 바라보게 하는 일종의 타임리핑time-leaping을 느끼게 될지도 모른다. 일흔이 된 우리, 우리는 우리 생의 서사를 어떻게 재구하고 있을까.

『그 남자네 집』의 사랑은 전쟁 중에 시작된다. '그 남자'를 만나고 돌아온 날 밤, 그녀는 잠을 이루지 못한다. '그'는 '불손, 우울, 섬세함, 단단함'을 모두 지니고 있는 듯하다. 모호한 존재이다. 우리의 사랑이 시작될 때, 항상 그/녀가 모호한 존재였던 것처럼, 그녀에게도 그 남자가 그렇다.

그 남자의 방에서 둘은 음악을 듣는다. 그리고 그가 읊는 시를 듣는다. 음악과 시는 서로 섞여들며 촉각에 스며든다. 그들 연애의 페티시인 언어와 음악은 전시戰時의 상황에서는 사치인지도 모른다. 그녀도 말한다, "그 암울하고 극빈하던 흉흉한 전시를 견디게 한 것은 내핍도 원한도 이념도 아니고 사치였다. 시였다."라고. 그러나 사랑이 배태될 수 없는 곳에서 '사랑하고 있다'는 자의식은 그 사랑을 더 숭고하게 만들고, 거기서 흘러나오는 비현실성은 각박한 현실을 견디게 한다.

그 사랑과 사치는 어떤 곳에서든 완악하게 산포된다. 그들이 그의 방에서의 긴장을 견디지 못하고 마침내 거리로 나왔을 때, 그곳이 포성이 들리는 최전방 도시이거나 포화로 무너지고 버림받은 도시라 하더라도 그와 함께 있으면 전혀 다른 곳이 되는 것이다.

그러나 그들의 사치와 사랑은 자신들도 모르는 사이에 어떤 '피로'를 동반한다. 피로는 휴식으로 이어지고, 어이없게도 휴식은 다른 사람과의 결혼과 동격이 된다. 그와의 연애가 '비현실감'으로 아름다웠지만, 그 아름다움으로 인한 피로의 누적은 그녀에게 해방구로서 결혼을 선택하게 했던 것이다.

그녀는 회상한다. 그 결혼이란, 「내셔널지오그래픽」에 나온 '새'의 짝짓기 같은 것이었다고. 좋은 새끼를 까기 위한 또 다른 집이 필요했다고.

박완서의 또 다른 작품 『아주 오래된 농담』에서 작가는 한 사람의 평생을 결정짓는 것은 때로 열정 없는 우연이라고 했는데, 이 소설에서 그녀 또한 결혼을 '하는' 것이 아니라 결혼이 '되는' 레일 위에 오른다. 사랑에 대한 예감이나 욕망이 아니라, 남편의 '집'에서 받은 인상이 결혼으로 이끄는 것이다.

그러나 그녀에게는 '그 남자'와의 사랑이 충족되지 않았기에, 그녀에게는 여전히 그에 대한 욕망이 잠재되어 있을 수밖에 없다. 그래서 그 둘은 어떻게든 만나게 된다.

 마침내 결혼 후 10년이 지나고, 그녀는 그 잉여의 욕망으로 다시 그를 만난다. 둘은 그녀의 친정집에서 조우한다. 그는 무언가를 응시하는 듯, 그러나 아무것도 보지 않는 것처럼 고요한 눈길로 그녀를 보고, "하나도 안 변했어."라고 말한다.

 실은, 그는 실명했다. 그런데 그의 변하지 않았다는 말 때문에, 그리고 그가 실명을 했기 때문에 더욱, 그녀는 자신을 제대로 보게 된다. 그녀는 실명한 그 남자 앞에서 '구슬 같은 처녀' 행세를 할 수도 있었을 것이며, 그에게 교태를 부릴 수도 있었겠지만, 그렇게 하지 않는다.

 교태란 연인의 욕망을 모방하고 연인의 욕망을 연기演技하는 것이다. 그가 욕망하는 구슬 같은 처녀를, 그녀 자신이 다시 욕망하고 모방하고 연기하여 그의 앞에 내보이는 행동을, 그녀는 하지 않는다. 그녀는 배우가 되어 연애라는 드라마를 찍고 싶지 않은 것이다.

 그녀가 남자의 그 눈먼 말의 주술에 이끌려 나르시시즘이나 상상계적 환상에 빠졌다면, 그가 기억하는 과거의 그 여자로 돌아갈 수 있었겠지만, 그녀는 오히려 현재를 똑바로 응시한다. 그 응시는 자신에게 내재된 욕망을 너무도 잘 알기 때문에 가능한 것이었고, 그 욕망을 그 남자의 눈멂으로 성취하고 싶지 않았기 때문이었을 것이다. 그러하기에 오히려 그녀는 그를 '야단' 친다. 자신의 욕망과 현실을 직시하면서 자신을 흔들어 깨웠다는 도덕적 자부심이 그녀에게 그를 야단칠 수 있는 용기를 준 것이다. 그녀는 그에게 어리광 좀 작작 부리라고, 안 보이면 안 보이는 척하라고, 상스러운 말까지 섞어가며 야단을 치고 설교를 한다. 그리고 술회한다.

그 남자는 시력을 잃고 나는 귀여움을 잃었다. 나의 첫사랑은 이렇게 작살이 났다.

"나의 첫사랑은 이렇게 작살이 났다!" 사랑이 때로 희극적이다. 특히 자신의 사랑을 신비화시키고 싶지 않을 때, 그 자조 속에서 자신의 연애는 희화화된다. 그건 결국엔 쓸쓸함으로 맺힌다.

그녀도 이런 자조 때문에 오히려 그를 떠나보내지 못한다. 다시, 그의 어머니 장례식 이후에 둘은 조우한다. 그때 둘은 처음이자 마지막 포옹을 하게 된다. 그녀는 그 포옹에 대해 "물처럼 담담하고 완벽했다."고 회고한다.

이 직유가 왜 이렇게 슬플까. 그들이 젊은 날 유기한 그 포옹을 노년에 다시 불러들였으나 이미 포옹의 의미는 변질된 이후이기 때문이다. 그 변질을 오염이 아니라 오히려 물이 되는, 정화 같은 것으로 회고하지만, 이런 직유의 수사는 뭔가 그녀의 몸에 고여 있는 슬픔을 환기한다. '완벽했다'고 굳이 극단적 형용을 하는 이유는 무엇일까. 아직 젊은 우리는 회의한다, 굳이 이런 직유를 쓸 필요가 있었을까, 하고.

'물처럼 담담하고 완벽'한 포옹이 있은 후, 둘은 더 이상 만나게 되지 않는다. 그리고 그녀는 그의 부음을 듣는다. 그가 죽었기 때문에, 그녀에게는 그와 나눈 모든 것이 토템이 된다. 그의 방에 있었던 오디오, 책장과 책들, 그것이 정령으로 느껴진다. 그러니 그를 떠나보낼 수가 있다. 그를 고요히 애도할 수가 있다. 미결의 서사이지만, 아직 이야기는 끝나지 않았지만, 사랑 또한 끝나지 않았지만, 그녀는 그를 떠나보낼 수 있는 것이다.

죽어서 다시 만나자, 그런 건 아니었을 테지만, 자신도 이 미욱한 삶을 정리할 때가 오리라는 것을 알기에, 불완전한 관계였을지라도 그것을 완전하게 정리하고 싶었을 것이다.

분노하고,
애도하고,
존중하라

김형경 「외출」

연민과 불안과 불신과 의혹과 원망과 회한에, 훼손된 자존감이 투입되면 어떤 감정이 생성될까. 사랑일까. 김형경의 소설 『외출』은 어쩌면 그럴 수도 있다고 말한다.

'인수'와 '서영'은 경찰서에서 만난다. 인수의 아내 '수진'과, 서영의 남편 '경호'가 함께 탄 자동차가 사고가 났기 때문이다. 음주 운전이었다. 인수의 아내 수진이 운전했고, 수진은 음주 상태였다. 하지만 인수는 단호하게 "아내는 술을 못 마십니다."라고 반박한다. 그는 아내가 술을 마신다는 것조차 몰랐던 것이다. 그리고 또 인수가 아내 수진에 대해 몰랐던 것은 무엇인가. 아마 인수가 알고 있던 것은, 그가 아내에 대해 알고 싶었던 것들뿐이었는지도 모른다. 인수의 아내 수진은 인수가 아닌 다른 남자 경호를 사랑하고 있었다. 인수는 물론 모르는 일이었다.

인수의 아내 수진이 사랑한 경호는, 서영의 남편이다. 서영은 남편 경호에 대해 무엇을 알고 있었던가. 아니, 무엇을 잘못 알고 있었던가. 서영은 경호가 없는 자신은 고철 더미에 불과하다고 생각했지만, 그런 경호는 다른 여자, 수진을 사랑하고 있었다. 디지털 카메라에서 발견한 남편 경호와 수진의 모습은 서영에게 너무도 이물스럽다. 동영상 속 경호는 서영이 한 번도 본 적이 없는 행동을 하고 있었다.

모든 관계가 오해에서 시작되는 것은 아닐까. 상대를 제대로 이해하고 있다면 어떻게 사랑이라는 불가해한 감정이 생길 수 있을까. 사랑도, 믿음도, 함께 하리라는 미래에 대한 비전도, 이별도, 상처도 모두 오해에서 시작된다. '인수와 수진', '서영과 경호', 혹은 '수진과 경호', 혹은 '인수와 서영', 모두 서로를 오해한다. 오해하여 사랑한다고 믿었고, 사랑한다고 믿었는데 배신당하고, 서로가 배신당한 것을 이해해줄 것이라고 또 오해했기에, 다시 사랑한다.

왕가위의 영화 「화양연화」가 오버랩되지만, 『외출』에서는 자신의 배우자에게 버림받았다고 믿는 인수와 서영 이외에, 사랑한다고 믿는 경호와 수진의 이야기나 장면도 할애된다. 「화양연화」에서 뒷모습이나 목소리만으로 잠깐 나타났던 '차우(양조위 분)'의 아내와 '리첸(장만옥 분)'의 남편과는 다르다. 「화양연화」에서 리첸은 "우리는 저들과 달라요."라는 말을 반복하지만, 『외출』에서는 인수와 서영이, 경호와 수진과 같은 길을 가게 될 것이라는 점을 부인하지 않는다. 경호와 수진의 관계를 성토할 수 없는 인수와 서영은, 그래서 자신들의 관계에도 무언가 불순물이 있다는 것을 어렴풋이 감지할 수밖에 없기에 머뭇거리고 또한 도피하면서, 그 머뭇거림과 도피의 힘으로 천천히 서로에게 다가가는 것이다. 그래서 인수와 함께 호텔에 있던 시간 동안 악화된 경호가 끝내 죽었을 때 서영은 무섭게 침거한다.

못다 한 사랑이든 죄의식이 된 사랑이든, 그 모든 사랑에 대해 경호는 서영에게 해명하고, 또 서영의 말을 들어주어야 했다. 한마디 말도 없이, 양해조차 구하지 않고, 그런 식으로 가버린 경호에 대해 서영은 분노한다. 하지만 시간이 갈수록, 서영은 그 분노의 진정한 대상은 경호가 아니라는 것을 알게 된다. 분노의 대상은 바로 자기 자신이었던 것이다. 서영이 경호에게 사랑을 받지 못한 것도, 하지만 사랑받는다고 오해했던 것도, 마침내 경호에게 어떤 말도 들을 수 없었던 것도 모두 자신의 탓이라고 생각하게 되는 것이다. 서영은 죄의식과 모멸감과 상실감을 견디며 살아내야하기 때문에 자신의 삶 속에 경호뿐만 아니라 인수도 있어서는 안된다고 생각한다. 그녀는 인수를 떠나는 수밖에 없다.

한편, 인수의 아내 수진은 회복되어간다. 이제 수진과 인수는 '진실'을 밝혀야 하지만, 인수는 수진에게 아무것도 묻지 않는다. 왜 자신이 아닌 다른 남자냐고, 이제 어떻게 할 거냐고, 그런 질문을 하지 않는다. 오히려 수진이 제발 아무말도 하지 않기를 바랄 뿐이다. 수진의 해명은 인수에게 떠나버린 서영을 환기시킬 것이고, 그러면 자신에 대한 죄책감마저 가세되어 더욱 견딜수 없기 때문이다. 인수와 서영의 관계를 모르는 수진이 오히려 무심한 듯 인수에게 묻는다.

수진: 인수 씨, 나한테 궁금한 거 없어?

인수: …….

수진: 언제까지 안 물어볼 거야?

인수: 처음엔 궁금한 게 많았는데……. 지금은 없어졌어.

수진: …….

인수: 수진아……. 그 사람, 죽었어.

*본문의 내용을 요약하여 대화체로 실었다.

수진은 인수를 정말로 아랑곳하지 않고 오열한다. 수진의 경호에 대한 사랑은, 그 순간 자신의 남편인 인수와 전혀 상관없는 것이다. 어떻게 그렇게 무구하게 울음을 터뜨릴 수 있을까. 그래도 불륜인데, 남편에게 미안하고 부끄럽고 죄스러운 일인데……. 수진은 자신의 사랑을 부끄러워하지 않는 것이다. 남편에게조차 그것은 죄가 아닌 것이다. 그렇다면, 수진은 경호를 진심으로 사랑한 것이다. 진심의 사랑은 아무것도 부끄러워하지 않는다. 부끄러워하는 것은 차라리 그 진심의 사랑에 대한 죄이다.

수진의 울음 끝에 그들은 어떻게 하는가. 이혼하는가. 아니다. 그들은 오히려 최선을 다해서 함께 살아간다. 남편은 아내의 물리치료를 돕고 집안일을 돕는다. 아내는 집 안 인테리어를 바꾸고 화초들을 새로 들여놓고 신혼여행 비디오테이프를 틀어놓기도 한다. 노력을 했기 때문에, 수진은 결국 이렇게 물을 수 있다.

"인수 씨 혹시……. 사랑하는 사람 있어?"

노력을 했기 때문에, 인수는 침묵으로써 긍정을 표할 수 있다. 노력을 했기 때문에, 또 수진이 덤덤하게 말할 수 있다.

"우리…… 이혼하자."

그리고 시간이 더 지나고 이제 인수는 서영을 다시 만날 힘을 갖게 된다. 칩거와 방황과 죄의식과 머뭇거림이 마침내 다시 만날 힘으로 발효되는 것이다.

이 또한 애도이다. 서영이 인수를 떠나지 않았다면, 인수가 수진을 간호하고 회복된 수진과 함께 살기 위해 노력하지 않았다면, 서영과 인수가 어떻게 다시 만날 수 있었을까. 그들은 그렇게 만나지 않기 위해 노력했기에, 비로소 만나지는 것이다. 마찬가지로, 죽은 경호에 대해 수진도 애도할 것이다. 애도를 했기 때문에 역시 인수와 살 수도 또 인수를 보내줄 수도 있었던 것이다.

이들의 공통점은 무엇일까. 그건 정녕 사랑했고, 다른 사람의 사랑 또한 존중했다는 것이다. 서영은 경호와 수진의 사랑을 긍정했기에 경호를 떠나보내고 인수 곁도 떠났다. 인수는 수진과 경호의 사랑을 존중했기에 수진을 추궁하지 않았다. 또한 수진은 인수와 서영의 사랑을 이해했기에 인수에게 이혼하자고 먼저 말했던 것이다.
다른 사랑에 대한 존중, 그것은 누군가를 진정 사랑하는 사람만이 할 수 있는 것이다.

■ 이별자의 시간 – 모든 것에서 애도하다

소설『외출』에서 경호가 죽은 후 서영은 이렇게 애도한다.

경호의 장례를 치르고 난 후 서영은 무너지듯 몸이 아팠다. 생애 내내 외면해온 피로와 고통이 한꺼번에 도진 것 같았다. 서영은 약을 먹고 누워 오래 잠들었다. 잠에서 깨면 다시 약을 집어먹고 누웠다. 언젠가 꿈꾸었던 대로 겨울잠을 자는 곰보다 더 깊이, 영면에 든 사람보다 더 깊이 잘 셈이었다. 한 계절쯤 자면서 가능하다면 잠 속에서 용서하고 싶었다. 다른 누구도 아닌, 바로 자기 자신을 용서해야 했다. 그렇지 않으면 단 하루도 살 수 없을 것 같았다.

과학적으로도 그러하다. 이별 후, 스트레스 호르몬 코르티솔이 분비되면 면역 기능이 저하되고 감기와 몸살이 시작된다. 몸이 아프고 열에 들뜬다. 그러므로 이별 후 긴 잠은 자신의 고통을 정화시키는 일종의 겨울잠 같은 것이다.

이뿐만 아니다. 애도의 시간 속에서는 무엇을 해도 애도의 행위가 된다. 그것은 식욕이 없을 때 먹지 않는 일이며, 누군가의 위로가 필요하다고 느낄 때 헤어진 애인에게 전화를 거는 것도 걸지 않는 것도 다르지 않다는 것을 알게 되는 과정이며, 하루 종일 아무것도 하지 않고 누워 있어도 된다고 자기 자신에게 말하는 것이며, 술을 마시고, 또 술을 마셔서 결국 술을 멀리하게 되는 일이기도 하다. 애써 짐을 싸서 여행하지 않아도 되는 것이며, 때로는 걸려오는 전화를 받지 않는 것이며, 그래놓고 후회하는 것이며, 후회해봤자 소용없다는 것을 알게 되는 일이기도 하다.

　물론 간혹, 그러하다, 나를 받아줄 수 있을 것 같은 사람에게 전화를 걸어, 오늘 아무것도 먹지 못했다고 말하고 싶어진다. 그렇지만 역시나, 아무에게도 전화하지 않고 혼자서 라면을 끓인다. 라면과 찬밥을 나란히 놓고, 이걸 어떻게 다 먹나 생각하다가, 젓가락을 옮긴다. 먹다가 화학 조미료 냄새가 역겨워져 젓가락을 놓는다. 그러다가 다시 남은 라면이 처량해지고, 저걸 싱크대 설거지통에 어떻게 버릴까 하는 생각에 다시 먹기 시작한다. 먹으면서, 그래도 나쁘지 않다고 생각한다. 라면은 점점 불어가고, 냉장고에서 차갑게 굳은 밥을 국물 속에 넣는다. 이미 국물은 식은 뒤이고, 밥은 국물 속에서 겉돈다. 다시 한참 그것을 바라보다가 저거라도 먹지 않으면 더 무기력해질 텐데……, 그러면서 먹는다. 그러나 그 먹은 것들은 더 슬퍼하기 위한 안간힘으로 쓰일 뿐이다.

　그렇게도 하루가 간다. 라면을 끓이고, 라면을 먹고, 소화가 되지 않는 더부룩함과 함께 하루가 간다. 애도의 시간에는 라면도 그렇게, 애도의 정식淨食이 된다.

5. 사랑을 말해본다

나의 사랑은 거리의 탐구이자, 하나의 긴 주파이다.

질 들뢰즈, 『의미의 논리』

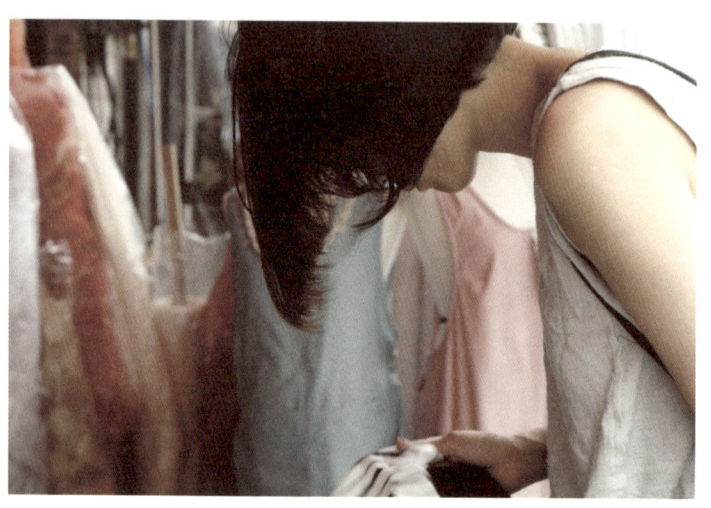

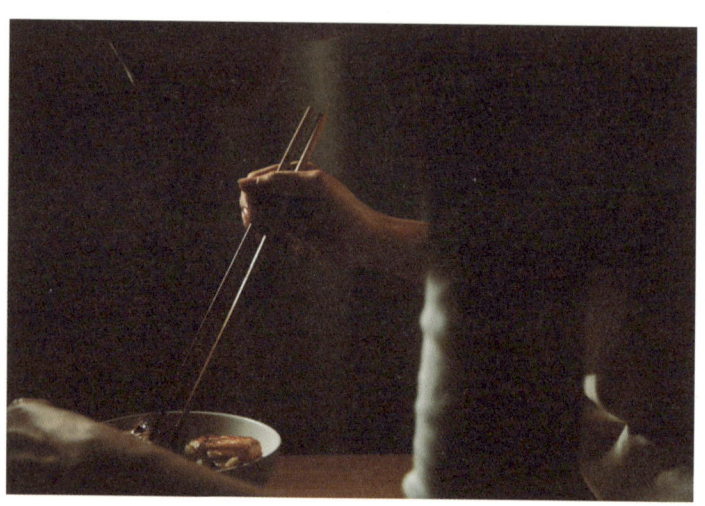

실패의 완성

김형경 「사랑을 선택하는 특별한 기준」

희망을 갖기 위해서는 실패를 완성해야 한다. 이별은 분명 관계의 실패이다. 이별이 관계의 실패가 아니라고, 이별했지만, 실패는 없었다고 생각한다면, 이별을 완성할 수가 없다. 이별은 도피해야 하는 부정적인 것이 아니라, 완성해야 하는 중립적인 것이다. 누구나 이별할 수 있고, 누구나 이별 때문에 아프다. 그 실패의 아픔은 반드시 겪어내야 할 과정이다.

김형경의 『사랑을 선택하는 특별한 기준』은 이별을 완성해가는 사람들의 이야기를 담고 있다.

두 여자의 이야기이다.

세진: 37세. 미혼. 건축가. 환각 증세와 건강 약화. 정신과 치료중. 다섯 살 때 부모가 이혼했고 그 후로 조모 밑에서 자람.

인혜: 세진의 친구. 37세. 이혼녀. 아이는 없음. 대학 때 만난 남자와 결혼했으나 남편은 성불능·폭력 증세가 있었음. 광고 카피라이터.

서른일곱이면, 인혜의 말대로 기진맥진, 암중모색, 진퇴양난의 시기이다. 직장에서 인정받는 것 같지만, 그 인정을 계속 받기 위한 압박감도 있고, 또 새로운 감수성을 가진 다음 세대에게 자신의 자리를 물려줘야 할 것 같은 위협감도 느끼는 나이이다. 게다가 무엇보다 상처가 불거지는 나이이다. 마흔을 앞두고 있고, 자꾸 뒤돌아보게 되고, 두려워지고 자신이 없어지기도 한다.

세진처럼 어린 시절의 상처가 다른 상처로 이어지거나, 인혜처럼 이혼의 충격이 두고두고 다른 형태로 살아나기도 한다.

먼저, 세진.

어릴 때 받은 상실감은 마치 메워지지 않는 구멍처럼 남아 있어서 때로는 사랑을 받기 위해 절박한 노력을 기울이다가도, 상대가 자신을 정말 사랑하는 것같이 느껴지면 상대에게서 도망을 치는 일을 반복하게 된다.

세진은 매번 상대에게서 도망친다. 바로 버림받기 전에 먼저 자신이 도망치는 것이다. 세진에게는 사람과 사랑에 대한 신뢰가 없다. 절대적으로 신뢰했던 부모로부터 버림받았다는 무의식이 있기 때문이다. 그래서 세진은 언제나 냉소적이 된다. 겉으로 보기에는 완벽한 커리어우먼이다. 하지만 상처받기 싫어서, 상대에게 상처를 주기도 하는 위악적인 사람이다. 그것에서도 역시 부메랑처럼 상처를 받아서 결국 이중의 상처를 떠안는다. 그 과정에서 환각 증세와 몸의 통증이 생기는 것이다.

세진은 정신과 치료를 받으며, 어쩔 수 없이, 전이/역전이의 상태로 진입한다. 전이轉移란 내담자(환자)가 면담자(의사)에 대해 갖는 감정 상태이다. 역전이逆轉移란 면담자가 내담자에 대해 갖는 감정 상태이다. 세진은 면담자인 '강문규'에게 말을 할 때 마치 자신의 아버지 혹은 연인을 대하듯이 하는데, 이는 면담 과정에서 어쩔 수 없는 현상이다. 세진은 아버지나 연인과의 관계를 치유하기 위해서, 그들에게 갖는 감정을 강문규에게 표출할 수밖에 없는 것이다. 그래서 세진은 때로는 강문규를 매우 친근하게 여기기도 하고, 사랑의 감정 비슷한 것을 느껴 스스로 당혹해 하기도 하고, 그에게 분노를 느끼기도 한다. 이것이야말로, 애증이 섞인 사랑의 현실태이지 않은가.

강문규 또한 치료자이기는 하지만, 역시 인간이기 때문에 내담자가 보이는 태도에 따라 자신 또한 어떤 감정 상태에 놓일 수밖에 없다. 그 과정에서 강문규는 세진을, 자신의 과거나 과거의 상처와 관련 있는 사람과 연관시킬 수도 있다. 역시나 사랑이 그러하다. 여성은 남성에게서 자신의 아버지를 보기도 하고, 아버지처럼 대하기도 한다. 또 남성은 그런 여성을 보면서 자신의 어머니나 누이를 대하듯이 반응하기도 하고 그와 비슷한 감정을 갖기도 하지 않는가.

전이와 역전이는 그것이 사랑의 감정과 유사하다는 점에서 정신과 치료에서 위험하지만, 또 반드시 있어야 하는 절차이다. 내담자는 전이가 일어나야 하기에 자신의 감정이나 무의식을 면담자에게 드러낼 수 있다. 또 면담자가 내담자를 이해하려면 내담자의 상황과 유사한 감정을 느끼거나, 내담자의 감정에 대해 적절한 반응을 해야만 하기 때문이다.

그렇게 하여 세진은 강문규를 통해 자신을 사랑하는 '경호', 그러나 끊임없이 세진이 도망치려 했던 경호를 다시 보게 된다. 그렇다면 정신과 치료가 끝나고 세진은 경호와 '하나'가 되는 길을 택했을까.

아니다, 우선 세진은 자신을 찾는 여행을 먼저 하기로 한다. 여행을 가려는 세진에게 경호는 이렇게 말한다.

"혹시 여행하다가 힘들거나 외로우면 그냥 울어요. 눈물만 흘릴 것이 아니라 어디든 편하게 퍼질러 앉아 크게 소리내어 울어요. 그래도 힘들면… 언제든 돌아오세요."

세진은 이런 경호를 비로소 받아들이게 된다. 그녀는 여행을 가면서 바로 자신이 그토록 피하려고 했던 경호가 좋은 사람이라는 것, 사랑이 무엇인지 아는 사람이라는 것을 비로소 알게 되기 때문이다.

다음은 인혜.

인혜는 사랑의 환상을 믿는 대신 육체의 감각을 믿었다. 에로스의 불투명함을 믿는 대신 리비도의 정확함을 믿었다. 언제 손에 넣을지 모를 권력을 기대하는 대신 가까운 욕구를 들어주었다. 마음이 마른 사막처럼 느껴질 때, 몸이 텅 빈 원통처럼 느껴질 때, 정신이 무엇인가로부터 쫓기는 듯한 느낌이 들 때, 그런 때 인혜는 자신이 무엇을 원하는지 알고 있었다. 그리고 인혜는 대체로 육체가 요구하는 것을 들어주었다.

인혜에게는 사랑에 대한 환상이 없다. 아니, 정확하게 이야기하자면, 그녀는 사랑 자체를 환상이라고 생각한다. 그녀가 생각하는 사랑의 환상이란 이런 것이다. "첫 만남에서 어쩐지 낯이 익고, 두 번째 만남에서 동질감을 발견하고, 세 번째 만남에서 운명이나 인연을 거론하는." 인혜는 연애조차 광고 같은 거라고 생각한다. 자신의 필요와 욕구를 분명하게 인식하고 그 위에서 상대의 필요와 욕구를 창출하는 일이 연애이며, 그 과정에서 서로가 주고받는 눈길, 스치는 손길, 사용하는 언어 등은 상대를 향한 자신의 광고라고 여기는 것이다.

그런 인혜의 생각이 그녀의 이혼과 관계가 있을까. 있다. 인혜는 대학 시절의 첫사랑과 결혼했고, 3년을 그와 함께 살았다. 그의 성불능과 폭력을 인내했지만 결국 이혼이었다. 물론 그것으로 끝은 아니었다. 인혜는 전남편과 헤어진 후에 자신을 사랑하고 성실하며 무엇보다 건강한 남자를 만나 청혼을 받게 된다. 하지만 그녀는 청혼을 받아들이지 않는다. 그 남자가 모자라서가 아니라, 남자에게 여전히 기대려는 자기 자신 때문이었다. 인혜는 자신이 그 남자에게 기대려는 이상, 제대로 된 결혼 생활을 할 수 없으리라 느낀다. 그래서 결국 그 남자와도 헤어지게 된다.

그 후, 인혜는 자신을 똑바로 세우는 일부터 시작한다. 자신이 누구인지, 자신의 욕망이 무엇인지, 자신이 잘할 수 있는 일과 잘할 수 없는 일이 무엇인지, 그런 것들을 하나씩 점검하는 것이다.

그 후 인혜는 많은 남자를 만났지만 한 번도 남자에게 의존하지 않았고, 주체적이고 동등한 인격으로 관계를 맺었고, 더블 플레이를 하지 않았다. 자기 자신에 대한 배신행위처럼 느껴져서였다. 또 어떤 남자에 대해서도 거짓이나 위선으로 대한 적이 없었는데, 그 상대에 대한 진정성은 무엇보다 자기 자신을 위한 것이었다. 이런 여자가, 그러니까 나름대로 상처를 잘 봉합하며 사는 것처럼 보이던 여자가 다시 한 남자를 만난다. '이진웅.'

진웅은 역사학자이다. 그러나 이미 완료된 역사적 사건에 대해 관심을 갖는 밀폐된 연구실의 학자가 아니라, 지금 여기 살고 있는 인간, 그리고 역사라고는 하지만 당시에 살았던 사람들에 대해 생생하게 접근을 하려는 길 위의 학자이다. 인혜도 그런 진웅에게 매력을 느끼게 된다.

인혜는 적극적인 친절처럼 보일 수도 있는 소극적인 유혹을 진웅에게 해보인다. 적극적인 친절과 소극적인 유혹은 많이 닮아 있다. 그렇지 않은가. 그건 관심의 표명이고, 사랑의 전단계이고, 어쩌면 사랑의 진입로에서 두 사람 사이에 생기게 되는 에너지의 교환일 것이다.

진웅에게도 문제는 있었다. 진웅 또한 인혜의 전남편과 비슷하게 성적 무기력증이 있었다. 혹시 인혜에게 다시 전남편과의 사이에서 빚어졌던 고통이 되풀이되었을까. 그렇지 않았다. 오히려 진웅의 증상은 인혜와의 관계를 통해 치유된다. 인혜는 자신의 남편에게 하지 못했던 것, 그러니까 자신이 너무 어리고 성에 대해서 잘 몰랐기 때문에 남편에게 해줄 수 없었던 것을 진웅을 통해 실현시킨다.

사실, 인혜는 스스로 사랑에 대한 환상이 없다고 단정 짓고 있었지만, 그 단정조차도 일종의 강박이었던 것이다. 단 한 사람과 전 존재로 소통할 수 있는 사람을 만나고 싶다는 욕망이 그녀에게도 남아 있었던 것이다. 어느덧 인혜는 "에로스와 리비도가 완벽하게 결합되고, 아이부터 노인의 영역에 이르는 정서를 마음대로 오가며, 그 위에서 정신적 성장, 정서적 고양, 영혼의 확장을 이룰 수 있는 사람을 만"나고 싶다는 욕망을 갖게 된다. 그런데 바로 그때 진웅이 다가온 것이다.

사랑에 대한 탈환상의 자리에 자기 자신을 밀어넣으려고 했던 인혜에게 진웅은 어쩌면 위태로운 존재였을 것이다. 그 사람으로 인해 인혜는, 사랑은 환상일 뿐이라고 믿는 것 자체가 또 다른 환상이라는 것을 어렴풋이 감지하게 된다. 그동안 기대왔던 믿음 체계가 흔들리는 것은 고통스러운 일이다. 인혜의 노력으로 비로소 진웅의 성적 무기력증은 치유되었지만, 바로 그때 인혜는 그를 떠나야 한다는 예감을 갖게 된다.

이유는 무엇일까. 왜 리비도와 에로스가 일치할 것 같은 사람과 애써 헤어지려는 것일까. 어쩌면 인혜는 진짜 사랑을 대면하고 싶지 않기 때문이 아닐까. 애초에 굳건히 지켜오던 그 믿음으로, 감정적인 소모 없이 자신의 일상을 영위해왔는데, 그 믿음, 즉 사랑이 환상이라는 자신의 믿음이 흔들리는 것도 두려웠을 것이다. 진정한 사랑이라고 믿었다가 다시 이별을 할까봐 두렵기도 했을 것이다. 환상이 아닌 그 사랑에 자신이 다시 기댈까봐 피하고 싶기도 했을 것이다. 자기 자신을 단독으로 세우기 위해서는 차라리 단지 환상일 뿐인 사랑을 일회적으로 소모하는 것이 편하기 때문에, 사랑이 생기고, 사랑이 깊어지고, 그 깊이 때문에 종국에 헤어지고 하는 과정은 힘들기 때문에, 인혜는 진웅을 피하려고 하지 않았을까.

여러 사람들 앞에서 인혜가 사랑에 관해 하는 말이 있다.

"사랑이 아름다워요? 고통스러운 자기와의 싸움이고 피나는 권력 투쟁일 뿐이죠. 사랑이 영원해요? 때로는 하룻밤, 기껏해야 3개월이나 6개월이면 최초의 도취가 식어내리는데 사랑이 영원해요? 사랑이 일편단심이에요? 나부터도 애인과 길을 걸으면서도 다른 이성에게 눈이 돌아가는데 단심이라뇨? 사랑이 정서적 고양감을 주고 삶의 의욕을 고취시켜요? 오히려 사랑은 정서적인 혼돈 상태이고 정신적인 착란 상태에 가깝죠."

사람들은 인혜에게 반문한다. 사랑을 그토록 부정하면서 어떻게 사랑을 하는지. 그녀는 거기에 대해서도 즉답을 내린다. 자기 자신은 그렇기 때문에 순간에 몰두한다고. 순간의 진실만을 믿고 순간의 도취와 순간의 소멸만을 믿는다고. 사랑은 이기적이고 소란스러운 자아, 그러니까 직업, 사회적 입지, 가족, 허위의식, 강박관념, 편견, 가치관

등등, 이런 자아를 구성하는 많은 요소들이 잠시 소멸하는 순간을 제공하는데, 인혜는 그 소멸의 순간만을 사랑이라고 부른다는 것이다.

그러니, 인혜는 진웅을 받아들일 수가 없다. '순간' 만을 믿는 사람이 미래라는 '지속성'을 전제로 한 관계를 맺을 수가 없는 것이다. 인혜는 집요하게 진웅에게 헤어지자고 하고, 진웅은 그것을 받아들이듯 교환교수의 자격으로 미국으로 떠난다. 인혜로부터 헤어지자는 말을 듣고, 자기 자신이 인혜에게 달려갈 수 없도록 일종의 안전장치를 만든 것이다.

인혜가 '보낸 주체'이기는 하지만, 그녀에게 상실감이 없을 수 없다. 그녀 또한 진웅을 잃은 애도의 기간을 가져야 하는 것이다. 인혜는 직장을 그만두고 대학원에 진학한다. 삶의 안식년을 갖는 것이다. 그녀는 그동안 하지 않았던 일들을 하나씩 해간다. 매일 두 시간씩 걷고, 매주 한 번 등산을 하고, 일주일에 전화상담 봉사활동을 한다. 그렇게 인혜가 삶을 안정시키는 동안, 진웅도 역시 미국에서의 삶을 꾸려 간다.

끝일까. 끝이 아니다. 둘은 그렇게 이별을 받아들이고 자기 자신을 돌아볼 시간을 가졌기 때문에 서로에게 따뜻한 연락을 취할 수 있게 된다. 미국에서 진웅은 인혜에게 전화를 한다. 그리고 조심스럽게 묻는다, 가끔 전화해도 되는지. 그 대답 대신, 인혜는 진웅이 있는 미국에 한 번 놀러가겠다고 응수한다. 둘은 그렇게 다시 차근차근 간절하게 만남을 시작할 듯 보인다.

멀리 돌아서 둘은 다시 만나게 된 것이다. 사랑이 이별이 되고, 이별이 다시 사랑이 되는 과정.

이럴 수도 있는 것이다. 열심히 이별하고 나면, 그 이별이 희망을 청구해준다. 세진처럼 자신의 어릴 적 외상으로부터 자라면서 얻은 2차적 외상까지 하나씩 아프게 점검하고 치유하고 그렇게 길고 질긴 애도의 시간을 가지는 것도, 후에 사랑의 비계飛階가 된다. 인혜처럼 사랑을 환상이라고 여기면서, 오히려 사랑에 대해 냉소적이고 소심했던 시간을 버티고 사랑에서 도피하려고 했지만, 연인의 아픔에 대해서는 도피하지 않고 그것을 감싸주려 했기 때문에, 그 연인의 사랑으로 냉소와 소심함과 두려움을 조금씩 벗어버릴 수도 있는 것이다.

좋은 이별은, 좋은 사랑을 위한 희망이 된다. 사랑했다면, 그것이 이별로 끝난다 하더라도, 그 사랑에 대한 존중은 계속되어야 한다. 억지로, 헤어진 연인을 떠나보내려고 할 필요는 없다. 찰나의, 그/녀와 찬란했던 순간이 섬광처럼 터졌다 지더라도, 그런 것이 아직 남아 있다는 것에 고통스러워하지 않아도 된다. 기억은 그렇게 몸속 어디에서 폭죽처럼 켜졌다가 사위어가기도 하는 것이므로, 등 어딘가에서 폭죽이 터지고, 그것이 이내 뜨거운 눈물이 되더라도, 조금만 덜 안타까워하고, 덜 슬퍼하면 된다.

차츰 자가 지방이식을 하듯이, 이별의 실조가 사랑을 위한 영양으로 옮겨갈 터이니.

이 소설은 작가 김형경이 자기 자신을 치유하기 위해 쓴 소설이기도 하다. 작가 자신이 입은 이별의 상처를 위로하고, 어떻게 보면, 다시 상처를 겪은 그 과거로 돌아가 자기 자신을 되돌아보는 이야기이기도 하다.

몇몇 여성 독자들로부터 이 소설을 읽어내기가 힘들었다는 이야기를 종종 들었다. 아마도 세진이 받은 정신과 상담을 자기 자신도 받고 있는 것 같은 느낌 때문이었을 것이다. 어릴 적 상처를 다시 보게 하고, 다시 겪게 하는 정신과 상담은 쉬운 작업이 아니다. 그러나 세진과 인혜의 서사를 끝까지 따라가다보면, 희망을 가져도 되지 않을까, 조심스럽게 생각하게 된다.

희망은 어쩌면 들뜬 감정이 아니다. '오직 희망만이 희망을 막는다'고 했을 때, 그 희망은 들뜨고 맹목적이고 겸허하지 않은 희망일 것이다. 희망이 희망적인 것이 되기 위해서, 우리는 희망에 대해서 소극적이어야 하는지도 모른다. 희망은 조심스럽고, 다치기 쉽고, 쉽게 가져서는 안 되는 것이기 때문이다.

희망은 때론
고통스럽게 온다

은희경 「내가 살았던 집」

실연의 슬픔을 완벽하게 겪고 나면, 어떤 희망이 도래하기 시작한다. 완벽한 슬픔이란, 청구되어야 할 비용이다. 때때로 희망이란, 오래 울고 난 다음, 그 나른함에서 피어오르는 듯하다. 그래서 울음이 터진 후에라야 남은 생을 기약할 수 있다. 「내가 살았던 집」에서의 '그녀'가 그러하다. 그녀는 울고 난 후 비로소 '그'를 기억할 수 있었다.

은희경의 소설 「내가 살았던 집」과, 그 소설을 원작으로 했던, 원작보다 더 원작의 분위기를 풍겼던 텔레비전 동명의 단막극과, 그 단막극에서 소설 속 여주인공보다 더 여주인공스러웠던 배우 '배종옥'을 말하려 한다.

소설 이야기부터 시작하자. 소설 「내가 살았던 집」속 그녀는 은희경 전작들의 캐릭터를 압축저장한 파일 같다. 읽을 때마다 "압축을 푸시겠습니까?"라는 메시지가 이명처럼 들린다. 클릭하면 이런 문장들이 새어나온다.

"나는 결혼이 모험이라는 걸 알아. 그렇기 때문에 사랑하는 사람과는 할 수 없는 거야. 사랑하는 사람과는 결혼하지 말아야 한다는 것을 사람들은 알아야만 해." 은희경, 「그녀의 세 번째 연인」

"결혼은 아무하고나 하는 거야." 은희경, 「연미와 유미」

"결혼한 사람은 모두 불행을 견디고 있어. 사랑하는 사람과 함께 견디기에 가장 어려운 것은 불행이 아니라 권태야. 하지만 사람을 무력하게 만들기 때문에 현상을 바꿀 의지 없이 그럭저럭 견딜 수 있게 되는 것이 권태의 장점이지." 은희경, 위의 책

「내가 살았던 집」에서도 은희경의 여인이 등장한다. 그녀는 미혼모이며 '김훈'을 사랑하지만 그를 받아들일 수 없다. 그녀는 '타인에게 말 걸기'를 쉽게 시도하지 않는다. 이주 '특별하고도 위대한 연인'이라고 믿었던 남자와 사랑했으나 분명 '짐작과는 다른 일들'이 생길 것이라는 점을 알기 때문이다. 그녀는 '연미와 유미'처럼 헤어짐을 필연적인 절차로 생각한다. 결혼을 한다면, '빈처'의 아내처럼 평범한 일상 속에 매몰될 것을 알기 때문에, 그리고 그녀에게 김훈은 특별하고도 위대한 연인이기 때문에 그에게 불행과 권태를 주지 않으려고 결혼을 하지 않으려고 하는지도 모른다. ('특별하고도 위대한 연인' '짐작과는 다른 일들' '연미와 유미' '빈처'는 은희경 소설의 제목이다.)

그녀는 김훈이 주고 간 사과가 썩어가는 것을 바라보며 생각한다.

그녀는 사과 역시 자기들끼리 닿아 있는 부분에서부터 썩기 시작한다는 걸 알았다. 가까이 닿을수록 더욱 많은 욕망이 생기고 결국 속으로 썩어 문드러지는 모양이 사람의 집착과 비슷했다. 갈색으로 썩은 부분을 도려내봤지만 살이 깊게 팬 사과들은 제 모양이 아니었다.

사랑하지만 너무 가까이 가지 않기 위해 그녀는 그 거리를 감내한다. 사과처럼 너무 가까이 가면 서로의 상처가 닿아 한없이 문드러져 버릴 것이라고 여겼기 때문인데, "너의 상처를 이해해줄 능력이 없었어."라고 말하는 그녀의 목소리가, 2005년, 배우 배종옥에게서 흘러나왔다. HD TV 문학관에서 방영한 「내가 살았던 집」이었다.

그녀는 그와 다투고 있었다.

그: 왜 안 된다고만 생각하지? 너는 너무 보수적이야.
그녀: 그러는 너는 너무 충동적이고 감상적이야.
그: 너같이 갑갑하게 살려면 공동묘지에 들어가 있는 게 제일 속편하겠다.
그녀: 나한테는 충동적인 때가 없는 줄 알아? 하긴 내가 잘못 봤는지도 모르지. 너 같은 출세주의자가 어떻게 충동적이 될 수 있겠어. 넌 단지 감상이라는 촌스러운 취향을 가졌을 뿐이야.
그: 맞아. 네가 잘못 봤어. 그건 충동이 아니고 추진력이라는 거야. 그리고 감상이 아니라 순정이라구.

위악적 냉소는 거의 작가 은희경의 특허였는데, 그 특허를 배우 배종옥이 온몸의 저림으로 보여준다. 위악은 위선과 마찬가지로 철저한 자기 분리가 있어야 하고 또 그런 분리 상태를 견딜 수 있어야 한다. 그녀는 자기 보존을 위해 그가 죽었을 때조차도 에이런^{eiron}을 분리했다가, 그가 죽은 곳, 이제는 '교통사고 사망 지역'이라고 팻말이 붙은 그곳에서 자신 또한 사고가 날 뻔했을 때 비로소 오열한다. 그때 배종옥의 눈에서는 그냥 체액이 빠져나오는 것 같았다. 어떤 감정의 동요도 없이, 고였던, 그래서 농도가 아주 짙어져버린 체액이 줄줄 새는 모습. 그 알라존^{alazon}을 보는 것은 쉽지 않았다.

화면은 조용히 떨리고 있었다. 분명 핸드헬딩 '기법'이었지만, 그것은 차라리 음악이었고 촉각이었다. 스틸 이미지 같은 얼굴에서 움직이는 것은 흐르는 눈물뿐이고, 화면도 흐느끼는 듯, 그리고 그것이 몸의 어딘가를 짓누르는 것이었다. 그것이 모두 배종옥의 아우라였다.

배우 배종옥은 동일시를 거부하는 얼굴을 가졌다. 짧은 머리, 동그란 눈, 좀처럼 웃지 않는 얼굴, 다른 여배우처럼 예쁘지만은 않은, 각이 진 얼굴, 약간의 코맹맹이 소리, 그러나 결코 애교가 섞이지 않은 차가운 어조. 이중적 이미지의 아이콘, 그것이 배종옥이라는 배우의 몸이 갖는 물질성이다.

그러기에 그녀는 무심하고 중성적인 이미지이지만 뭇 남자의 시선을 받는 여자(영화 「질투는 나의 힘」)도 될 수 있고, 한 남자의 순정을 알지만 그 순정에 상처를 주지 않기 위해서 온몸에 파라핀을 칠한 사람처럼 뻔뻔해지는 여배우가 되기도 하며(드라마 「그들이 사는 세상」), 불륜이며 이루어질 수 없는 사랑이라는 것을 알지만 결코 그만둘 수 없는 사랑에 고통스러워하는 여자(드라마 「거짓말」)가 되었다가, 반대로 남편과 불륜 관계인 친구가 비에 젖은 채 찾아왔을 때 말없이 수건을 건넬 수도 있는 여자(드라마 「내 남자의 여자」)가 되기도 한다.

「내가 살았던 집」이란 소설 속 '나쁜 여자'는, 드라마 「내가 살았던 집」의 유정이 되면서, 그 유정을 배종옥이 인내하면서, '더 나쁜 여자'가 되어 있었다. 소설 속에서 암시되던 그녀의 임신은 마침내 드라마 속에서는 '낙태'가 되어 있었고, 소설 속에서 그녀의 긴 머리는 배종옥의 짧은 머리로 더 차가워져 있었다.
그러나 그 나쁨과 차가움만큼 그녀가 받아야 할 상처도 깊어졌는데, 그건 위악이 가진 아이러니였다. 상처받지 않으려고 위악의 탈을 쓰지만, 위악의 탈은 타자와 연인과 자기 자신까지 상처 입히기 때문이다. '그'에게 가한 상처가 제 상처의 거울이라는 것.

어쩔 수 없었을 것이다. 그녀가 이탈리아 볼로냐(드라마에서는 일본 아키타로 출장을 가는 것으로 각색되어 있다.)로 출장을 가면서 그에게 전화 메시지로 이별을 통보한 것은 어쩔 수 없었을 것이다. 그 메시지를 받고 그녀의 집으로 달려온 그를 그냥 돌려보내고 전화기 코드를 뽑아낸 것도 어쩔 수 없었을 것이다. 아침에 출장을 가면서 그의 음성 메시지를 듣고 볼로냐의 호텔에서 우두커니 앉아 그에게 안녕을 바라는 간단한 엽서를 쓴 것도 어쩔 수 없었던 일일 것이다. 마침내 그가 그녀가 이별을 통보하고 전화기를 뽑고 볼로냐로 떠나기 전날 밤 그녀의 집에 다녀갔다가 교통사고를 당해 죽은 것도 그녀로서는 어쩔 수 없었을 것이다. 그녀가 아이를 지운 것, 그의 생전의 말 "나는 아이를 남기지 않을 거야. 나를 아무도 기억하지 않게 하고 싶어."라고 했던 말을 지울 수 없었기 때문일 것이다.

그가 죽은 후 한 번도 울지 않던 그녀가, 갑자기 그의 사고가 있었던 지점에서 '교통사고 사망 지역'이라는 팻말을 보고 비로소 울음을 터뜨리고, 또 그곳에서 '내가 살았던 집'을 떠올릴 때, 그녀에게서 어떤 희망의 실마리를 발견하게 된다.

그녀는 '교통사고사망지역', 그러니까, 그가 죽은 곳을 집이라 여긴다. 연인이 죽은 '그곳'에서 집을 보는 사람, 그런 사람은 행복할 것이다. 감히 연인이 죽은 사람을 행복하다고 하는 것은, 그 죽음의 자리가 '집'이 될 수 있는 사람들이기 때문이다. 그녀는 연인을 잊지 않는다. 기억을 보존하듯, 집을 지킨다.

그녀는 늘 상중喪中인 사람이다. 그녀는 죽은 연인 이외에 어떤 사랑도 받을 수 없는 자가 된다. 부재하는 연인에게 받는 사랑으로 충만해지는 것은 일종의 광기이다. 그렇게 환자가 된다. 신에게 처음엔, 연인을 데려간 것을 원망했다가, 다시 자신과 함께 데려가지 않은 것을 탓했다가, 자신의 삶이 빨리 회수되지 않는 것에 분노하다가, 마침내 연인의 죽음과 제 삶을 함께 누릴 수 있음에 감사하게 된다.

희망이란 이렇게 잔인할 수도 있다. 연인의 죽음과 그 죽음에 대한 고통스런 회한을 다 치르고 난 다음에야 희망이 비로소 허용되는 것이다.

헤어지기 위해
편지쓰는 사람

신경숙 「풍금이 있던 자리」

당신에게도 아프지만 기꺼이 헤어진 이가 있을 것이다. 당신이 이별이라고 생각한 기꺼움, 혹시 영원히 이별하지 않기 위한 가짜 의식儀式은 아니었는가.

「풍금이 있던 자리」에 그런 여자가 나온다. 우리가 보아오던 여자다. 평범하나 평범하지 않은 사랑을 하는 여자. 어떻게 사랑이 평범할 수 있겠는가.

그녀는 제 사랑을 무겁게 끌고 고향에 들른다. '그 남자와' 떠나기 위한 방문이었지만, 결국 '그 남자를' 떠나기 위한 방문이 되었고, 그것은 이별의 명목을 만들기 위한 순례가 되었다. 누군가를 떠나보내기 위해서 우리에게는 순례지가 필요하다. 지금 당신이 그/녀를 보내기 위해서 도시의 거리를 걷고 있다면, 그것은 산책도 방황도 아닌, 순례일 것이다. 그래서 이별의 장소인 도시는, 당신에게는 이별의 성소일 것이다.

그 순례지이자 성소인 고향에서 그녀는 아버지의 '그 여자'를 떠올린다.

"나…… 나처럼은…… 되지 마."

그녀가 일곱 살 무렵, '아버지의 여자'는 그렇게 말하고 떠났다.

그녀는 그 여자처럼 되지 않기 위해, 그때 그 여자와의 약속을 지키기 위해, '그'와의 약속을 지키지 않는다. 그와 떠나기로 한 약속, 공항으로 나가기로 한 약속을 지키지 않는다. 그러나, 그것으로 그녀가 정말 그 여자가 되지 않은 것일까. 오히려 약속을 지키지 않음으로써 그 여자가 되어버린 것은 아닐까.

그 여자에 대해 그녀가 보이던 양가감정은, 하나는 여자로서의 그 여자에 대한 것이며, 또 하나는 어머니의 딸로서 그 여자에 대한 것이다. 후자는 가족 관계에 얽힌 자에게 필연적으로 동반되는 감정이므로, 여자로서 그 여자에게 매료되는, 혹은 모방 욕망이 더 강할 것이다.

간절한 그녀의 어릴 적 소망을, 긴 여운을 동반한 문장으로 펼친 이유도 여기에 있지 않을까.

……그 여자처럼 되고 싶다……

이 회상은 그녀가 반복해서 쓰듯, "지금도 환하게 생각"나는 것이고, "지금도 눈에 환한 것"이다. 그 환함은 바로 그 여자 이미지 자체이기도 하다. 그녀가 공들여서 쓴, 그 여자와 '어머니'의 대립된 이미지를 보자.

여자는 마당의 늦봄볕을 거느린 듯 화사했습니다. 그때까지 저는 그토록 뽀얀 여자를 본 적이 없었어요. 마을을 단 한 번 벗어나본 적이 없는 어린 저는, 머리에 땀이 밴 수건을 쓴 여자, 제사상에 오를 홍어 껍질을 억척스럽게 벗기고 있는 여자, 얼굴의 주름 사이로까지 땟국물이 흐르는 여자, 호박 구덩이에 똥물을 붓고 있는 여자, 뙤약볕 아래 고추 모종하는 여자, 된장 속에 들끓는 장벌레를 아무렇지도 않게 집어내는 여자, 산에 가서 갈퀴나무를 한짐씩 해서 지고 내려오는 여자, 들깻잎에 달라붙은 푸른 깨벌레를 깨물어도 그냥 삼키는 여자, 샛거리로 먹을 막걸리와, 호미, 팔 토시가 담긴 소쿠리를 옆구리에 낀 여자, 아궁이의 불을 뒤적이던 부지깽이로 말 안 듣는 아들을 패는 여자, 고무신에 황토흙이 덕지덕지 묻은 여자, 방바닥에 등을 대자마자 잠꼬대하는 여자, 굵은 종아리에 논물에 사는 거머리가 물어뜯어놓은 상처가 서너 개씩은 있는 여자, 계절 없이 살갗이 튼 여자……. 이렇듯 일에 찌들어 손금이 쩍쩍 갈라진 강팍한 여자들만 보아왔던 것이니, (…)

저는 그 여자의 화사함에 이끌려 고무신을 꿰신고, 그 여자를 뒤세우고는 텃밭으로 난 샛문을 향했습니다. 그 여자에게서는 그때껏 제가 맡아본 적이 없는 은은한 향내가 났습니다. 그 여자가 움직일 때마다 그 향내는 그 여자에게서 조금 빠져나와 제게 스미곤 했습니다. 그게 왜 그리 저를 어지럽게 하던지요. (…) 여자는 새각시처럼 뉴똥 저고리를 입고 있어서, 배추를 뽑을 때는 배춧잎같이, 파를 뽑을 때는 팟잎같이 파랗게 고왔습니다. 텃밭지기 노랑나비도 그 여자 머리 위에 내려앉으니 날개를 바꿔 단 듯했어요.

여기서, 우리는 어쩔 수 없이 정말 그 여자가 되고 싶은 그녀의 실재the Real를 본다. 조금 더 심하게 말하자면, 그녀는 '어머니'가 되고 싶지 않은 것이다. 어머니라고도 호명되는, 한 남자의 '아내'가 되고 싶지 않은 것이다. 아내라는 자리를 얻음으로써 그 여자의 자리를 잃게 되는 것을 미연에 막은 것이다. 따라서 그와의 파약破約은 '그 여자-되기'의 사수死守이다.

그 헤어짐의 순간, 즉 함께 떠나기로 한 바로 그 시각, 그녀는 어떠했는지 다시 한 번 읽자.

지금…… 막, 당신과의 약속 시간이 지났습니다. 순간, 숯불이 얹혀지는 듯한 뜨거움이 가슴에 치받쳤습니다. 이 치받침은 매우 익숙한 것입니다. 당신을 사랑하는 동안 나의 하루는 이 치받침으로 시작해서 이 치받침으로 끝나곤 했으니. (…)

뜨거움과 치받침의 고통은 차라리 '환한' 아픔이며, 마침내 무늬가 될 상처이다. 미래완료적으로, 그녀는 그 무늬를 본다. 그래서 그 약속의 시각으로부터도 한 달을 더 보내는 것이다.
그렇게 한 달을 보내고, 그녀는 문득 그의 집에 전화를 건다. 그리고 확인한다. 그는 떠나지 않은 것이다. 그는 제 아내와 딸과 함께 있다. 딸의 이름은 '은선'이다. 그 은선은 바로 그녀가 일곱 살이었을 때 그 여자와 함께 있던 자신을 또 한 번 아프게 환기시킨다. 반복하고 있는 것이다. 그는 그때의 아버지이며, 그의 아내는 그때의 자기 어머니이며, 은선은 그때의 자신인 것이다.

소설의 서사는 이렇게 닫히지만, 이 서사는 오히려 그녀의 행위를 위한 프롤로그이다. 이유는, 이 텍스트가 편지이기 때문이다. 그와 떠나기로 한 며칠 전부터 그 이후 한 달이 지날 때까지 그녀가 쓴 편지는 무언가를 행하기 위한, 혹은 결단하기 위한 편지였던 것이다.

그래서 오히려 이 소설의 마지막은 이 소설의 처음 부분을 물고 있다.

제 마음속에 일어난 이 파문을 당신께 어떻게 설명해야 합니까? 과연 설명이 가능한 파문인지조차 저는 모르겠습니다. 하지만 영문을 몰라 하는 당신이 거기 있으니, 저는 당신께 어떻게든 제 마음을 전해드려야지요. 지금 제 마음은 어쩌면 당신께 이해를 받지 못할지도 모르겠습니다. 설령 그렇더라도 제가 할 수 있는 것은 해야 하는 것임을, 그것이 당신에 대한 제 할 일임을 괴롭게 깨닫습니다. 제 표현이 모자라서 이 편지를 다 읽으시고도 제 마음이 야속하시면…… 그러면 또 어떡해야 하나…….

이 여자는 다 알고 시작한 것이다. 그를 피해 고향으로 온 것도, 한 달 뒤에 그의 집에 전화를 건 것도, 그리고 다시 만나지 않을 거라고 생각한 것도, 애초에 자신이 그럴 거라는 것을 다 알고 편지를 쓴 것이다. "어떻게든 마음을 전해"드려야 한다고 쓰고는 있지만, "표현이 모자라서 이 편지를 다 읽으시고도 제 마음이 야속하시면"이라고 조건을 달고 있다. 그러니까 그녀는 편지 대신 전화를 한 것이다. 그러므로 이 편지는 쓰는 동안 어느 시점부터 부쳐지지 않을 편지였는지도 모른다. 부쳐지지 아니할 것이었기에, 간절하게 참을 수 있는 것은 참고, 참을 수 없는 것은 참지 않고 쓰인 편지인 것이다.

그래서 마침내 이렇게 말하고 있다.

이 글을 당신께, 이미 거기 계시는 당신께 부칠 필요 이제 없겠지요.

이 소설은 헤어지기 위해 글을 쓰는 여자의 이야기인 것이다. 그 글의 끝에 은선을 알게 됨으로써, 은선에게서 과거의 자기 자신을 보게 됨으로써 비로소 헤어질 힘을 얻게 되는 이야기인 것이다.

'아, 이제 헤어질 수 있겠구나.' 하는 것도 희망이다. 그리고 '잘' 헤어짐으로써 영원히 그/녀와 헤어지지 않아도 괜찮다. 가령, 영원한 이별을 유예시키기 위해 잠깐의 이별을 하는 것이다. 그를 영원한 타자로 남겨, 그 타자성을 하루하루 갉아먹으며 연명하기 위해, 지금, 생이별을 하는 것이다. 그것이 어쩌면 「풍금이 있던 자리」의 '아버지의 여자'가 했던 사랑이었는지도 모른다. 아버지를 믿는다고 하면서도 그 여자로 인해 가출했던 어머니가 돌아오자 열흘 만에 아버지를 떠났던 그 여자.
마찬가지로 그녀도 알지 못하는 사이에 그런 사랑 속에 갇혀버렸는지도 모른다. 그 여자가 아버지를 떠나면서 자신이 단지 '떠난다'고만 생각했듯이, 그녀도 그를 떠나보내면서 그와 헤어졌다고만 생각하겠지만, 그 헤어짐으로 영영 그와 헤어지지 못하게 되리라는 것을 예감했을 수도 있다.

이렇게 그/녀를 사랑했던 기억을 고스란히 남기고 사는 것도, 애증의 관념에 휘말리지 않고, 다만 그/녀를 사랑했던 그 시간을 인정하는 것으로도 희망은 있다.

사랑의 기미를
포착한 사람

우애령 「정혜」

한밤, 그/녀에게 메일을 보낸다. 그리고 잔다.

자지 않을 수 없다. 자지 않으면 아침이 될 때까지 그/녀가 메일을 받았는지 받지 않았는지를 수시로 체크할 것이고, 만약 같은 메일 서비스를 이용한다면 '발송 취소'를 클릭했다가 다시 발송했다가를 반복할 것이고, 그 시간의 허송만큼 그/녀를 더 원망하게 될 것이고, 그 원망한 것 이상으로 그/녀를 사랑하게 될 것이기 때문이다. 그리고 그 사랑은, 다시 자학 같은 편집증으로 변질될 것이기 때문이다. 그러니 메일을 보낸 후 즉시 컴퓨터를 끄고 필사적으로 잠을 청해야 한다.

아침이다. 자동적으로 컴퓨터 전원을 누른다. 그리고, '변한 건 아무것도 없어. 아무것도. 뭐가 더 나빠질 게 있는가.' 이렇게 자조한다, '정혜'처럼.

소설「정혜」에서 정혜는 저녁식사에 '김준석'을 초대했다. 김준석은 오지 않았다. 그녀 혼자서 저녁을 먹었을까. 영화「여자, 정혜」에서는 그렇다. 정혜(김지수 분)는 묵묵히 닫아놓았던 반찬의 뚜껑을 하나씩 열어 꾸역꾸역 먹는다. 잘 익은 열무김치를 손으로 집어서 한입 베어물고 하얀 밥을 꾹꾹 담아 입으로 가져간다.

정혜는, 어린 시절 고모부로부터 강간을 당했고, 그 트라우마 때문에 언제나 주저한다. 그래서 쉬 사랑을 시작할 수도 없다. 이런 서사는 분명 클리셰이다. 그러나 그녀의 머뭇거림, 긴장, 긴장을 이겨내려는 뜨거운 냉정함은 클리셰가 아니다.

사랑을 쉬이 시작하지 못하는 이유는 물론, 사랑이 끝날 때의 아픔을 두려워하기 때문이다. 사랑은 언제나 끝이 있는 것이고 그 끝은 언제나 고통과 상처로 이어지니까. 그래서 사랑은 그것이 영원할 거라는 믿음에서가 아니라, 그 고통과 상처를 이겨낼 수 있으리라는, 적어도 그 정도쯤은 감내할 수 있으리라는, 다시 말해, 상대가 자신에게 감내할 수 있을 정도의 상처만을 주리라는 믿음에 의해서만 시작된다. 사랑을 시작한다는 것은 미래의 고통과 상처에 대해 미리 항복하는 것이고, 그 항복은 그 정도의 패자가 되는 것은 괜찮다고 스스로 용인했기 때문에 발생하는 것이다.

그녀가 근무하는 우체국에 김준석이 자신이 쓴 소설을 응모하기 위해 들른다. 그는 그녀의 회색 스웨터 빛깔이 좋다고 말한 사람이다. 그리고 낮게 말했다.

"한스 카롯사 좋아하세요?"

정혜가 사랑이란 걸 시작할 수 있었던 것은 준석에 의해서이다. 정혜가 근무하는 우체국에 준석은 자신이 쓴 소설을 공모전에 부치러 온다. 준석은 정혜에게 '한스 카롯사'를 좋아하느냐고 묻기도 했었다. 결국 준석은 자신의 취향을 밝힌 셈이고, 정혜의 취향을 물은 셈이다. 그렇게 취향을 먼저 맞추어보는 일, 사랑의 기미幾微이다.

우리는 사랑을 시작할 때, 직업, 나이, 고향, 재산 같은 것이 궁금한 것이 아니다. 취미, 취향, 좋아하는 것과 꺼려하는 것, 그런 것들이 묻고 싶다. 그래서 "○○을 좋아하세요?"라고 은근슬쩍 묻는 것이다. 마찬가지로, "한스 카롯사 좋아하세요?"라고 준석이 묻고, 정혜는 그 사랑의 기미를 다행히 포착한 것이다.

저기… 그녀는 서둘러 말했다. 우리집에 오늘 저녁 오셔서 같이 식사하시지 않겠어요? 그는 놀란 듯 그녀를 응시했다.

물론, 이 제안은 너무 갑작스러운 것이다. 그가 놀란 것도 무리가 아니다. 그리고 그가 그 제안을 일단 거절한 것도 무리가 아니다. 어쩌면 애초에 그 제안은 정혜에게도 기각될 희망사항이었는지도 모른다. 그 기각될 희망을 상대에게 내비치는 것은 자아에 대한 무참한 유린일 수 있다. 하지만 그 맹목적인 단호함은 실은, 두려움의 표식이다. 그녀가 서둘러 말한 이유는 바로 그것이다. 서두르지 않으면 말하지 못한다. 정혜의 두려움과 단호함에 대한 남자의 응시는 무방비 상태에서 마치 어떤 암호를 풀어야 하는 사람의 시선이 아니었을까.
 현실이었다면 십중팔구 여기서 서사가 종결되었을지도 모른다. 그렇게 다짜고짜 저녁 식사를 초대하는 여자를 남자는 이해할 수 없는 것이다.

 정혜도 자기 입에서 나온 말을 듣고 당혹스러웠을 것이다. 그리고 어쩌면 준석은 그녀의 당혹스러워 하는 표정에서 그녀의 진심을 읽었을 것이다. 우리는 그/녀가 한 '말' 자체가 아니라, 그 말을 배반하는 그/녀의 표정과 몸짓에서 그/녀의 진심을 알게 된다. 그래서 준석이 정혜의 이름을 불렀을 것이다.

 소설에서는 며칠 후 준석이 정혜의 이름을 부르는 사건으로 이어진다. 그 호명의 목소리는 떨어지는 눈 사이로 흩어진다.

> 눈은 그치지 않고 내려 걸어가는 두 사람의 모습을 덮었다.

 그렇다고 준석이 정혜를 부르는 호명이 김춘수의 시에서처럼 바로 '특별한 의미'가 되는 것으로 직진하지 않는다. 소설은 사랑의 시작이 아니라, 사랑을 시작할 수도 있다는 정혜의 자기긍정으로 끝맺는 것이다. 어쩌면 사랑의 시작보다, 시작할 수 있다는 긍정이 훨씬 강력할 것이다. 사랑의 시작은 끝이 있지만, 사랑의 시작할 수 있다는 긍정의 시작은 끝없는 자기순환의 동력을 배선하고 있기 때문이다.

더 이상 바라지 않아도
좋은 사람

최윤 「하나코는 없다」

한 사랑이 끝난 뒤, 다음 사랑을 하지 못하는 경우가 있다. 더 이상 사랑이라는, 사열邪熱이 깃든 번열증을 앓는 것이 두려워 아예 처음부터 사랑의 감정을 말소시키는 하제下劑를 복용한다. 더 이상의 사랑이 불가능하다고 생각하거나, 사랑의 마일리지가 바닥이 났다고 스스로에게 주입하는 것이다.

한참동안, 그럴 수도 있다. 그것조차 애도의 과정일 수 있다. 그리고 그 애도가 끝나면 기적처럼 사랑이 다시 시작될 수도 있다. 긍정적 착각으로서의 희망을 말하려 하는 것이 아니다. 긍정적 관점이라는 것이, 때로는 맹목적인 것이고, 때로는 자기기만이 될 수도 있다는 것을 우리가 모르지 않는다.

약간의 문제 상황을 무조건 절망적으로 인식하는 부정적인 관점이 그렇듯, 긍정적 관점 또한 '지금 여기'에 대한 맹목적인 희망을 선사한다. 긍정적 관점으로 보려는 타성은, 결국 그 관점을 반복하는 걸로 그친다. 그 속에서 행복함을 느낀다면, 그것은 심리적으로 불행을 피하려는 방어기제가 성공한 것일 뿐이지, 상황의 변화가 일어난 것은 아니다. 상황이 안 변해도 괜찮다면, 긍정적 관점을 가져도 좋을 것이다. 상황이 안 변해도 지속적으로 자기기만을 할 수 있는 에너지가 끊이지 않는다면, 긍정적 착각을 유지해도 좋을 것이다.

그러나 긍정적인 관점으로 전환시켜보았자 결국 그것이 맹목이 되어서 관성의 행위를 하게 만든다. 오히려 긍정적 관점을 피해, 자기 자신의 심연의 방황이 스스로를 모르는 곳으로 데려가게 놔두는 것이 삶의 또 다른 세계로 나아가게 하는 '기회'가 된다.

이것이야말로 '희망'이다. 희망은 긍정적 관점에서 오는 것이 아니라, 긍정적 관점을 갖지 않아도 된다고 여기는 마음에서 온다. 슬픔의 하중을 견뎌내는 데서 온다. 희망은, 다시 사랑이 시작될 것이라는 그런 희망이 아니다. 사랑이 시작되지 않아도 된다는 희망이다. 사랑이 아직 없지만 자기 자신을 사랑할 수 있으리라는 희망이다.

최윤의 소설 「하나코는 없다」에서 '하나코'가 그런 여자일지도 모른다. 더 이상 긍정적 착각을 하지 않으려는 여자. 그래서 진정한 희망을 기대할 수 있는 여자.

하나코는 애초에 '없는 여자'였다. 혹은 '잉여'로서만 존재했던 여자였다. 그녀의 캐리커처는 단지 '하나-코'로만 그려졌기 때문이다. '단 하나, 코만 예쁜 여자.' 존재 전체가 아니라 신체의 일부로만 표상된다는 것은 '전적으로 있는 존재'라고 말할 수가 없다. 그녀가 존재 전체로 표상되었다면, 그녀는 '하나코'가 아니라 언제나 '장진자'로 불리어야 마땅했다.

 이 소설은 대학시절 하나코라는 별명을 가진 장진자를 기억하는 서른이 넘은, 한 샐러리맨의 회상에서 시작한다. 그는 베네치아 출장을 앞두고 하나코가 이탈리아에 있다는 것을 K로부터 듣는다. 그가 기억하는 하나코는 코가 예쁘고, 재치 있는 농담을 할 줄 알고, 논리를 벗어난 말에 대해서 "왜 그렇게 생각하죠?"라는 식의 심각한 질문을 던질 줄 아는 여자였다. 하나코는 그와 K·P·Y·J 등이 모인 그룹의 균형을 깨지 않으면서도 오래 지속적으로 만난 유일한 여자였다. 그것은 '그녀가 마치 공기나 혹은 적당한 온기처럼 늘, 흔적 없이 그들 옆에 있다가는 사라져버렸기 때문'이었다.

 하나코. 눈이 아니고 '코', 입술이 아니고 '코', 볼이 아니고 '코'. 왜 '코'일까.
 눈은 너무 많은 의미를 함축하는 장소이다. '눈이 말한다'라는 명제나, '눈은 마음의 창이다'라는 비유나, 모두 눈의 의미 지향성을 두고 하는 말이다. 눈은 존재의 의미를 어떻게든 표상한다. 그 표상은 해독 혹은 오독을 기다리는 투명한 이미지이다.
 입술은 성적 이미지를 갖는다. 만약 입술만 예쁜 여자라고 한다면 그것은 어떤 경우보다 성적인 여성이라는 '의미'를 가질 것이다.
 볼은 손을 부르는 장소이다. 볼이 예쁘다고 느낄 때, 그것은 촉각적 이미지를 동반한다. '볼이 예쁘다.'라는 말은 '볼을 만지고 싶다.'라는 내포적 의미를 갖는다. 아니, 그 볼을 바라보는 눈은 이미 볼을 만지고 있다.

눈이나 입술, 볼과 달리, 코는 연상을 통한 의미화나 다른 감각을 호출하여 공감각적 이미지로 치닫지 않는다. 눈이나 입술, 볼의 미적 스펙트럼이 넓다면, 즉 그것들의 미추美醜 사이의 거리가 멀다면, 코는 비교적 짧은 스펙트럼을 갖는다. 코가 예쁜 사람이나 그렇지 않은 사람이나 그 차이는 다른 신체 부위에 비해 크지 않은 것이다.

게다가 '코도 예쁘다'와 '코만 예쁘다'는 서로 다른 의미를 갖는다. 코도 예쁘다면, 그것은 도도하다는 의미이기도 하고 그래서 다가가기 어렵다는 의미이기도 하다. 코도 예쁘다면 그것은 진짜 미인이라는 것을 뜻한다. 코만 예쁘다면, 이때 코는 아무것도 비유하지 않으며, 다른 기호나 이미지로 미끄러지지도 않는다. 코만 예쁘다면, 이 코는 그야말로 중성中性의 장소일 뿐이다. 그러니 코만 예쁘다는 것은, 정말로 코만 예쁘다는 뜻이거나, 실은 예쁜 곳이 별로 없다는 말과도 같다. 그러니 '코만 예쁘다'는 것은 별로 내세울 것이 없다는 것이고 평범한 얼굴이라는 의미이고 맥락에 따라 재전유되는 얼굴이라는 뜻이기도 하다.

그녀, 하나코였던 장진자의 얼굴은 그렇게 해석된다. 어떤 고정된 의미를 갖지 않기에, 그 얼굴, 그 존재는 가볍게 남자들에게 전유되는 것이다.

남자들은 마음껏 자신들의 욕망을 그녀에게 쏟아낸다. 취중이라는 이유로, 괴롭다는 핑계로, 그들은 그녀를 오독한다. 그녀에게 고백하고 다음 날 그 고백을 회수한다. 그녀는 그들의 말을 흡수하기만 하는 것이 아니다. 가장 적절한, 그들이 듣고 싶어 하는 말, 그 기대치 이상을 피드백 해주는 능력이 있다. 그들은 면대면面對面을 넘어 편지를 통해서까지 그녀의 언어와 감정을 인출하는데, 그들이 계속 이렇게 하기 위해서는 실은 그녀를 몰라야 한다. 알아도 모른 척 해야 한다. 그녀를 안다는 것은, 그녀에게 자신의 욕망을 투사할 수 없다는 의미이기 때문이다. 따라서 그들은 그녀를 알기를 원하지 않는다. 그녀가 "그렇게 나를 몰라?"라는 질문은 그래서 공허하다. 실은, '그렇게 나를 모른 척 하고 싶어?' 라고 그녀는 물어야 한다.

"그렇게 나를 몰라?"라고 묻는 그녀는 자신을 잘 알고 묻는 것인가. 그녀에겐 정답지가 준비되어 있는가. 들뢰즈의 텍스트에서 답의 단서를 찾아보자. 들뢰즈는 말한다. 자아는 타자를 통해서만 알아진다고. 그에 따르면, 타자는 자아의 환경이며, 삶의 조건이다. 타자는 자아의 부메랑이자 자아의 증상이 나타나는 존재이다. 또 타자는 자아가 세계로 나아가는 열쇠이기도 하다. 그러니 장진자가 자신을 아는 것은 타자인 그들을 통해서만 가능하다. 그러나 그들은 장진자를 자기 식으로 이용할 뿐, 자신을 투사하기만 할 뿐, 그래서 그녀는 그들 욕망의 일시적인 도가니가 될 뿐이므로, 그녀가 자신을 알게 되는 계기나 사건은 주어지지 않는다.

그들은 결국 장진자를 '없는 여자'로, 그러나 '있어야 하는 여자'로 표상하게 되는데, 그 도화선이 된 사건은 바로 이것이다.

대학을 졸업하고 2~3년이 지난 후이다. 그들(남자) 다섯과 장진자와 그녀의 친구는 서울에서 출발하여 낙동강에 이른다. 이미 밤이 되었고, 내일 다시 일상으로 복귀해야 하는데 서울로 돌아가기는 막막

하다. 모두들 우울하거나 불안정하였고 '늪에 가라앉아버릴 것' 같았고 신경질적이 되었고 허탈했고 무장해제 되었고 피곤했다. 악을 쓰면서 노래를 부르다가 드디어 장진자에게 노래를 요구한다. 그녀는 일어나지 않는다. 그녀를 일으켜 세우는 몸짓, 실랑이, 몸싸움, 엉키고, 유리가 깨지고, 서로에게 짖어대는 고함 소리, 서로를 걸고 넘어지고, 그러다가 장진자는 얼굴이 창백해지고, 머리는 흐트러지고, 상의는 반쯤 옆으로 돌아간 모습이 된다. 누군가 손가락으로 그녀의 '몰골'을 가리키며 웃기 시작하자 그 웃음은 전염되어 광란의 웃음이 된다. 그녀들조차도 '웃음인지 울음인지 구별이 되지 않는 아주 찡그러진 표정의 웃음'을 터뜨린다. 그리고 마침내 장진자와 그녀의 친구는 자신들에게 따라붙는 광증의 웃음 또는 울음을 떨쳐내지 못한 채 '어둠의 덩어리' 속으로 사라진다. 그 후로 장진자는 그들 사이에서 하나코로 호명된다.

그녀에 대해 얘기하고 싶은 마음과, 그녀에 대해 얘기하는 것을 자제하고 싶은 두 가지의 상반된 욕구가 교묘하게 절충되면서 그런 별명이 붙여졌던 것이다.

장진자를 둘러싼 그들의 집산集散. 하나코라고 호명해야만 비로소 그녀에 대해 말할 수 있는 사람들. 그러나 그들은 '그 일'이 있고나서도 '개별적으로' 그녀를 찾는다. 그들은 여전히 하나코라는 욕망의 배설지가 필요했던 것이다.

십여 년이 지나 그들 중 한 남자가 베네치아 출장을 감행한 것도 자신의 욕망을 흘려보내거나, 혹은 그녀에게서 자신의 욕망을 재인출하기 위해서이다. 이미 결혼해 아이도 있고 아내와는 '서로 부정하기 위해 필수 불가결한 정기적인 말다툼'을 하던 그이다. 그는 과거, 제 욕망의 흡착지가 다시 그리워진 것이다.

마침내 그녀와 통화한다. 그녀는 "반가워요. 오세요."라고 간단하게 대답한다. 그가, 방해가 되지 않겠느냐고 물었을 때, 그녀는 대답 대신, 잠시 침묵했다가 "나를 그렇게 몰라요?"라고 반문한다. 그리고 "J씨처럼 전화만 하고 안 오는 것은 아니죠? 혹은 P씨처럼 차 한 잔도 제대로 마시지 않고 떠난다든가?"라는 말을 덧붙인다.

하나코는 역시 그에게 '없어야 하는' 존재였을까. 그는 그녀를 만나기로 한 곳에 가지 않는다. 그러나 그녀, 없어지지 않았다. 장진자는 지면紙面 위에 그 코의 각을 세우며 웃고 있다. 그가 '욕구에 비해서는 늘 불충분했지만, 먹어가는 나이에 걸맞은 위치로 승진' 하는 동안, 그녀는 국제적인 디자이너가 되어 국제적인 디자인 잡지의 표지 속에 있는 것이다. 그러니 하나코는 없고, 장진자가 있다.

맞다, 장진자는 성공한 것이다. 그리고 그를 비롯하여 그들은 장진자를 부러워한다. 단지 하나코로만 표상되었던 장진자는, 사실 하나코가 아니었던 것이다. 그것이 그녀의 희망이었을 것이다. 그녀는 사랑받으려고 애쓴 것이 아니라, 묵묵히, 사랑받지 않아도 된다는 희망을 지켰을 것이다. 그래서 그가 베네치아에서 전화했을 때에도 아무렇지도 않게 그에게 오라고 말했을 것이다. 그리고 그가 오지 않았다고 해서 마음 상하지도 않았을 것이다.

이 소설은 '그'의 관점에서 본 '장진자'의 이야기이기 때문에, 우리는 장진자를 제대로 알 수는 없다. 다만, 소설에 내재되어 있는 '그'의 묘한 결핍감, 묘한 상실감과 패배감에서 그녀를 읽을 수 있다.

둘이 되기 위한 사랑

김훈 「공무도하」

사랑의 관계에서 언어는 살갗이며, 사랑하는 자는 대상을 자신의 언어에 둘둘 말아 어루만지면서, 애무하며, 이 만짐을 얘기하며, 관계에 대한 논평을 지속하고자 온 힘을 소모한다. **롤랑 바르트, 「사랑의 단상」**

성적인 교합은, 하는 것이 아니라, 무너지는 것이다. 그리하여, 전조(前兆)가 시작되면 두려움과 고요한 광기가 도래한다.

그녀는 말하고, 말하고, 말하다가, 그 말에 먹혀 말을 잃는다. 그때 그의 입술이 다가온다. 말을 다 잃어버린 그녀의 입술에 또 다른 말을, 소리가 없는 말을 따뜻한 말을 넣어주려는 듯 그의 입술이 다급하다.

괜찮다, 괜찮다, 그런 말들이 그녀에게 들려온다. 그의 쓸쓸함이, 오랜 세월 동안의 외로움이 순하게 오히려 그녀를 달랜다. 그의 얼굴에서 슬픔이 보이고 그녀는 눈을 감을 수가 없다. 모든 것이 환히 보인다. 그의 조바심과 회한과 두려움과 희망이 그녀의 눈앞에서 기화된다. 그가 혼자서 감당했을 고립감을 이제 그녀가 받아낸다.

그녀가 심연으로 허물어질 때를, 그는 안다. 그래서 그녀와 함께 그 폐허 속으로 들어간다. 둘은 함께 패배한다. 무엇에 패배하는지 알지 못한 채, 그들은 그 절망적인 패배감을 함께 함으로써 패자가 되지 않는다.

김훈의 『공무도하』에서 '노목희'와 '문정수'도 그렇다.

노목희의 몸에서 새벽안개 냄새가 났다. 문정수는 조바심쳤다. 문정수의 조바심이 노목희의 조바심을 일깨웠다. 노목희의 몸은 깊어서 문정수는 그 끝에 닿을 수 없었다. 길은 멀고 아득했고 저쪽 끝에 흐린 등불이 하나 켜져 있는 듯도 했다. 문정수는 그 길 속으로 들어갔다. 길은 멀었고, 먼 길이 조여 들어왔다. (…) 문정수의 몸속으로 크고 조용한 강이 흐르는 듯했다. 노목희가 어둠 속에서 말했다.
"어땠어?"
"좁았어. 좁아서 꼭 끼었는데, 아주 넓어서 닿을 수 없을 것도 같았어. 이상하지? 너무나 이상해."
"그랬구나. 좋았겠네."
"좋고, 안타까웠어. 넌 어땠니?"
"난 꽉 찼는데, 텅 비어서 허허로운 것도 같았어. 이상하지?"
"그랬구나. 둘이 똑같았구나."

인간의 몸이 이렇게 만나지는 것에 대해 무어라고 말할 수 있을까. 몸의 만남, 몸의 마주침, 몸의 겹침을 이런 방식으로 표현하는 연인들에 대해서는 무어라고 말할 수 있을까. 그리고 이런 만남·마주침·겹침은 그들만의 것일까, 아니면 또 다른 연인들 사이에서도 일어나는 일일까.

남자는 여자의 몸에서 '새벽안개 냄새'를 느낀다. 그 냄새가 조바심을 불러온다. 여자의 몸 깊은 곳에는 흐린 등불이 하나 켜진 것 같다. 먼 길이 조여들고, 비로소 남자의 몸속에 조용한 강이 흐른다. 그때 여자가 묻는 것이다. 남자는 "좁아서 꼭 끼었는데", 또 "넓어서 닿을 수 없을 것 같았"다고, 그래서 좋고 안타까웠다고 말한다. 여자도 나직이 말한다. "난 꽉 찼는데, 텅 비어서 허허로운 것도 같았어." 그리고 덧붙인다. "이상하지?" 그런데 남자는 여자의 그 느낌을 안다. 두 사람, 똑같았다고 말한다.

여기서 김훈의 세설을 한 번 더 인용하사.

섹스처럼 남녀가 살을 맞대고 있는 경우도 남과 전혀 소통이 안 된다. 섹스 행위를 통해 확인할 수 있는 것은 자기 감각밖에 없다. 자기가 느낄 수 있을 뿐이지 상대가 느끼는 바를 느낄 수 없다.
김훈, 「너는 어느 쪽이냐고 묻는 말들에 대하여」

『공무도하』의 작가 김훈은 자신의 세설에서 섹스 행위에서 상대가 느끼는 바를 느낄 수 없다고 했다. 섹스에서도 소통이 되지 않는다고 하였다. 그런데 문정수는 "둘이 똑같았구나."라고 말했다. 문정수는 노목희가 느끼는 바를 느낄 수 있었을까. 그렇지 않았을 것이다. 노목희가 느끼는 바를 알 수는 있었는지 몰라도, 느낄 수는 없는 것이다. 그래서 문정수가 둘이 똑같았다고 말할 때, 그것은 노목희의 말을 통해 추정한 것일 수밖에 없다. 중요한 것은, 둘이 똑같았다고 문정수가 생각한 데에 있다. 그리고 그 생각을 노목희에게 전한 데에 있다. 느낌 자체의 전달이 아니라, 느낌에 대한 전달이다. 소통은 아니지만, 소통에 대한 소통이다. 그리고 그 소통에 대한 소통은 모호하지만, 이 모호를 둘은 공유하고 있기 때문에 서로의 모호함을 이해한다.

이 연인들은, 또 라면을 끓이며 이런 대화가 나눈다.

노목희: 파를 많이 넣어서 좀 달 거야.
문정수: 라면이란… 참 좋구나.
노목희: 말이 좀 어렵네. 중 같아. 다 산 노인 같기도 하고. 말이 너무 쉬워서 그런가.
문정수: 밤중엔 냄새에 밀도가 높아지는 건가. 공기가 더 촘촘해지는 건가. 아니면 더 헐거워져서 그런가?
노목희: 그게 무슨 말이야?
문정수: 라면 냄새가 좋아서. 밤이라서 그런가?
노목희: 야근을 너무 많이 해서 그럴 거야. 밤공기에 민감해져서. 피곤하고 배가 고프면 후각이 예민해지거든.
문정수: 파를 넣어서 국물이 시원해.
*본문의 내용을 요약하여 대화체로 실었다.

이 라면 이야기가 소설에서는 아홉 페이지나 이어진다. 파 이야기, 달걀 이야기, 파미르 고원 이야기, 그리고 『왕오천축국전』을 쓴 혜초 이야기도 이어진다. 이들은 할 이야기가 너무 많다. 아니, 할 이야기가 많다기보다는, 서로 마주하면 그 사이에서 이야기가 생성된다.

노목희는 출판사에서 표지 디자인과 번역 일을 한다. 문정수는 신문기자이다. 문정수는 그날 있었던, 분명히 혐의가 있으나 내세울 만한 정확한 증거가 없고, 또 범인의 정황 또한 이해가 되는 어떤 사건에 관해 이야기하기 시작한다. 그 이야기에 귀를 기울이면서도 노목희는 딱딱한 오징어 튀김은 먹지 말라는 얘기를 잊지 않는다. 노목희는 그 사람 소행을 기사로 쓸 거냐고 문정수에게 묻는다. 문정수는 "아냐, 안 쓸 거야. 그건 그자 것이야. 기삿거리는 안 돼. 안 쓰기로 그 자하고 약속했어."라고 말한다. 거기에 대해 노목희는 "둘 다 불쌍하고 가여워." 라고 말한다. 그 말에, 문정수는 세상이 가여운 거라고 덧붙인다. 노목희는 "그게 기삿거리가 되는지 안 되는지는 난 모르겠어. 하지만 그냥 냅둬. 쓰지 마. 난 그 소방관 편은 아니지만 문정수의 편이야. 쓰지 마. 그냥 냅둬. 경찰한테도 말하지 말고 데스크한테도 말하지 마. 냅둬." 라고 한다. 고요하지만 강하다. 문정수에게 '쓰지 마', '말하지 마'라고, 이렇게 '하지 마라'고 말하는 것이다. 우리는 '하지 마라'고 했던 옛 텍스트를 기억한다. 「공무도하가」의 '공무도하' 公無渡河 이다. '사랑아, 물을 건너지 마라.'

하지만, 모든 일에 대해 '하지 마라.'고 요구할 수 있는 것은 아니다. 그리고 요구했다고 해서 상대가 다 들어줄 수 있는 것도 아니다. '공경도하'公竟渡河 할 수도 있다. 사랑이, 그 물을 건널 수도 있는 것이다.

이들도 각자 공경도하의 길을 간다. 노목희는 책 표지 디자인을 더 배우고자 프랑크푸르트로 떠난다. 문정수는 물론, 붙잡지 않는다. 그런 의식조차 없다. 노목희는 노목희의 강을 건너는 것이다. 그녀는 공항에서 문정수에게 전화를 한다.

노목희: 지금 공항이야. 갈게.
문정수: 그래, 언제 오니?
노목희: 2년인데, 그때 가봐야 알겠어. 어제 또 야근했니? 목소리에서 야근한 냄새가 난다.
문정수: 어제는 야근 안 했어. 오늘 야근이야.
노목희: 야근 너무 많이 하지 마. 이젠 새벽에 갈 데도 없잖아.
문정수: 그래 잘 가. 빨리 타.

이렇게 헤어진다. 이런 이별이 희망이다. '다시 만나자', '언제 만나자'라는 이야기가 없다. "2년인데, 그때 가봐야 알겠어."라고 대답하고, 연이어 "어제 또 야근했니?"라고 묻는 형식이다. 내용은 무심한 듯하지만, 중요한 것은 이 말들의 배치이고, 말의 방식이다.

왜 문정수는 노목희가 떠나는 것에 대해 어떤 '의견'도 내놓지 않는 것인가. 그것은 그가 그녀를 모른다고 여기기 때문일 것이다. 그녀를 모르는데, 어떻게 그/녀의 떠남을 이해하고, 이해해서 적절한 의견을 제시할 수 있는가. 그렇게 생각하기 때문일 것이다.

물론, 문정수도 노목희를 어떤 식으로든 해석하고는 있을 것이다. 그러나 그 방식은 '당신은 이러하다.'가 아니라 '이런 모습도 당신이다.'라는 식이 아닐까. '노목희는 이러하다.'가 아니라 '이런 것도 노목희이다.' 그러므로, 문정수의 곁에 있는 것도 노목희이고, 새벽에 찾아든 문정수에게 라면을 끓여주는 것도 노목희이며, 그를 여린 몸으로 위무하는 것도 노목희이다. 그러므로 '떠나는 것도 노목희이다.' 물론, 이것은 문정수가 몰랐던 노목희이다. 하지만 연인에 대해서는 아는 것보다 모르는 것이 더 많은 법이다. 모르는 것이 많기 때문에 사랑하는 것이다. 우리는 누군가를 알아서 사랑하는 것이 아니라, 모르기 때문에 사랑하고, 끝내 몰라야지만 사랑할 수 있다.

연인은, 그래서 주어가 아니라 서술어이다. 서술어이므로 언제든 떠날 수 있다. 예상치 못했던 연결형 어미를 붙이며 그/녀는 자유롭다. 그러므로 연인의 삶은 나에게 잠깐 위탁된 것이다. '연인'이 아니라 '연인의 삶'이다. 우리가 사랑하는 것은, '연인'이 아니라 '연인의 삶'이 되어야 한다. 그/녀의 삶을 사랑하고, 그/녀의 삶이 잠깐 내 삶에 섞여 들고, 그것이 연애일 것이다.

노목희와 문정수의 사랑이 낯선 것은, 이들의 이별이 사랑과 무관하기 때문이다. 사랑하는지, 하지 않는지의 여부는 이들에겐 이별을 결정하는 데에 아무런 변인도 아니다. 사랑과 이별이 도무지 한 문장 안에 들어가지 않는다. '사랑하지만 이별한다.'도 아니고, '사랑하고 이별한다.'도 아니고, '사랑하기 때문에 이별한다.'도 아니다. 그냥 '사랑하기 때문에 사랑한다.'이고, '이별하기 때문에 이별한다.'일 뿐이다.

그럴 수 있을까 싶지만, 그럴 수 있을 때 사랑의 긴장이 수호된다. 사랑은 그렇게 난해할 수도 있다. 사랑은 미지의 존재와 미지의 행위를 하고 미지의 감각이 형성되는 과정이기 때문이다. 그래서 사랑은 태만할 수가 없다. 익숙한 사랑이란 없다. 그/녀가 편안할 수는 있지만, 그 편안은 '편안하다'고 기어이 인식되는, 자의식적인 편안이다. 그/녀가 없을 때, 편안함을 인식하지 못하는 편안함과는 다르다.

노목희와 문정수는 서로 편안해 하지만, 그 편안함이 지나고 나면 서로 달라져 있다. 그래서 다시 만났을 때 또 다시 낯선 것이다. 사랑에 있어서 '낯설게 하기'의 미학이 바로 이런 것이다. 사랑은 끊임없이 초기화가 일어나는 공정이며, 이 초기화는 언제나 조금씩 다른 모습을 띠고 있다. 그/녀를 사랑한다는 것은, 그/녀의 타자성을 견디는 일이다. 그/녀를 모르겠다, 그 모름을 견디는 일이다.

레비나스E. Levinas의 말을 빌어 희망을 말해도 될까. "사랑이 감동스러운 것은 넘어설 수 없는 이원성이 존재자들 사이에 있기 때문이다." '하나'가 되기 위해 사랑하는 것이 아니다. 각자 아름다운, '둘'이 되기 위해 사랑하는 것이다.

그리하여, 노목희와 문정수에게는 각자의 장소가 있다. 어쩌면 사랑하기 위해서는, 그들 각자의 방이 있어야만 한다. 그 방에서 그/녀 몰래 자아의 공정을 해 나가는 것이다. 그 자아의 공정이 연인에 대한 자신의 타자성을 잃지 않게 하고, 이 타자성은 사랑의 동력이 된다.

너와
공감하려는 노력

박현욱 『아내가 결혼했다』

박현욱의 『아내가 결혼했다』라는 소설의 표지를 본, 어느 부부의 대화.

남편: 아내가 결혼했다? 너무 심하지 않습니까?
아내: 아뇨.
남편: 입장을 반대로 놓고 생각해봐요. '남편이 결혼했다!', 괜찮습니까?
아내: 얼마나 좋을까요? 저도 남편이 장가간다면 좋겠습니다.

이 아내는 그래도 자기 할 말 다 하고 있다. 남편이 전적으로 이해하지 못할 수도 있지만, 아내가 이런 말을 할 수 있는 상황이 조성된다는 것은 그나마 부부 사이가 나쁘지 않다는 의미이다. "아내가 결혼했다? 너무 심하지 않습니까?"라는 질문에 대해, 자신을 숨기고, 남편이 듣고 싶어 하는 말을 틀에 박힌 형식으로 하는 것이 다반사일 것이다. 그러면 역시 남편도 틀에 박힌 양식의 반응을 보일 것이고, 이때,

남편이든 아내이든, 어쩐지 갑갑한 안정감을 느끼게 될 것이다. 그러므로 이 아내처럼 "얼마나 좋을까요? 저도 남편이 장가간다면 좋겠습니다."라고 농반진반으로 대처하는 것이 낫다. 남편 또한 아내의 말을 진반농반으로 받아들이면서 편안한 긴장감을 느낄 것이기 때문이다.

이 소설의 제목대로, 결혼한 아내는 어떤 여자일까. 소설의 주인공이기도 한 '인아'는 자기 자신에게 충실하려고 할 뿐만 아니라, 남편에게도 자기 자신을 이해시키려 하고, 남편 또한 이해하려고 노력하는 여자이다.

그러나 그 상황이 극단적이다. 인아는 '덕훈'과 결혼했지만, 또 '재경'과도 결혼하려고 하기 때문이다. 덕훈이 싫어서도, 문제가 있어서도 아니다. 이유는 단지 재경 또한 사랑하기 때문이다.

그래서 이 소설, 어찌 보면 급진적이다. 이 여자, 어찌 보면 정치적이다. 스스로 정치적이라고 생각하지 않기 때문에 더 급진적이다. 그녀는 단지 '사랑하기' 때문에 또 다른 남자와 결혼한다고 한다. 하나를 끊고 다른 하나와 연결되겠다는 것이 아니다. 두 개의 노드node와 동시에 링크되겠다는 것이다. 이런 여자라면 셋, 넷의 링크도 가능할 것이다. 이 링크가 선 형태에서 그물이 되면 소설 속에 나오는 '폴리아모리즘'polyamorism, 즉 다중혼, 다처다부제이되, 고정되지 않는 형태가 되거나 혹은 싸움을 중지시키기 위해 다중성행위를 하는 영장류 '보노보'가 된다. 이것은 기존 결혼 제도에 대한 완벽한 무시이다. 그러나 이 또한 제도를 무시하기 위해서가 아니다. '사랑하기' 때문이라는 것이다.

그녀가 급진적인 것은 다만 결혼에 한정된 것은 아니다. 그녀는 돈만 벌기 위한 직장은 안 나가도 된다고 생각하며 (그래봤자 부자가 되는 것은 아니기 때문에) 하고 싶은 것을 하는 것이 삶의 기회비용을 오히려 줄이는 길이라 생각하는 것 같다. 이 또한 계급적인 취향인 아비투스^{habitus}에서 나온 말이 아니고, 스스로도 거창한 문화를 만들려는 것도 아니라 하니, 진짜 정치적이다. 어떤 행동이 온전히 체화되어 불변의 습관이 되어버렸을 때 그야말로 정치적인 것이 되기 때문이다.

소설에는 중혼제, 복혼제 등의 용어가 나온다. 성숙한 형태의 폴리아모리즘을 '폴리피델리피'라고 하는데, 이들에겐 컴퍼션^{compersion}이 있단다. 컴퍼션은 성적 질투심과 반대되는 개념으로, 사랑하는 사람들이 사랑하는 것을 볼 때 생기는 따스한 감정이란다.

그러나 이 용어들은 인아의 것이 아니다. 인아의 첫 남편 덕훈이 그 자신을 설득하기 위한 각주이다. 덕훈은 이 소설의 일인칭 주인공 서술자이다. 일인칭 주인공 덕훈은 관찰 대상인 인아를 이해하기 위해 여러 주석을 덧붙일 수밖에 없다. 물론 인아 또한 결혼제도에 대해 여러 인류학적·역사학적 지식을 동원하고 있지만 그녀는 오히려 이론과 무관하게 자기 자신만의 삶을 가지려고 한다. 그래서 폴리아모리즘을 문화적인 형태로 수행하고 있는 미국이나 캐나다가 아닌 뉴질랜드로 가려고 하는 것이다.

그녀가 진짜 유별나게 정치적인 것은, 부부 이외의 다른 사람들에게는 자신의 폴리아모리즘을 알리지 않는다는 점이다. 그녀는 좋은 딸이며, 현명한 며느리이다. 집안의 대소사를 다 맡아서 하며, 가정의 일들도 완벽하게 해낸다. 이것은 스파이나, 영리한 게릴라, 조용한 테러리스트의 수준이다. 그녀는 에피쿠로스적이라고도 할 수 있다. 공동생활을 하고 성적으로도 물론 아타락시아ataraxia, 잡념에 사로잡히지 않고, 동요 없는 고요한 마음 상태를 꾀했던 소박한 의식주에 만족하고, 자기 자신을 믿고, 사교邪敎에 빠지지 않았던 에피큐리언들.

에피쿠로스Epicouros의 쾌락은 몰아沒我적 향락이 아니라, 반성적 쾌락이다. 몰아적 쾌락이 쾌락의 감각에 자신을 수동적으로 던지는 것이라면, 반성적 쾌락은 욕망을 주체적으로 관리하면서 진짜 욕망, 진짜 쾌락과 가짜의 욕망, 쾌락을 분별하여 진짜의 것만 취하는 것이다.
  인아는 삶의 중심이 행복, 쾌락인데, 그녀는 그것을 주체적으로 취하려고 한다. 또한 그것은 라캉 류의 거창한 잉여쾌락이 아니다. 재미있고 즐겁고 만족하는 것이다. 에피큐리언들의 아타락시아가 바로 강박과 신경증, 분열증이 없는 적정선의 만족 상태가 아니던가.

  이 소설에서 인아·덕훈·재경이 좋아하는 축구는 행복과 쾌락을 위한 놀이의 은유이다. 일상과 놀이의 환유. 그것이 이들의 삶의 방식이다. 그러다가 일상과 놀이가 상호 은유가 되는 것, 삶이 축구화 되고, 축구가 삶이 되는 것이 그들의 삶의 형태이다.
  놀이의 계열체는 더 두꺼워질 수 있다. 작가 박현욱은 놀이의 자리에 축구를 놓았지만 다른 스포츠나 예술, 게임 등 놀이의 속성을 가진 다른 장르를 넣어 그 장르의 놀이규칙을 중간중간 삽입하면서 인물들 삶에 유추시키는 방식으로 에피소드를 병치할 수 있을 것이다.

따라서 인아는 동시대의 증상이다. 동시대 진실의 왜상歪像, anamor-phosis인지도 모른다. 그녀는 여성상의 재현이 아니다. 소설을 읽고 독자들은 인아가 되려고는 하지 않을 것이다. 다만 그녀를 비판하고 문제점을 지적하기는 하는데 뒤끝이 애매할 것이다. 자신의 비판이 타당하게 느껴질수록 뭔가 자기기만이나 자가당착으로 빠진 것같이 느껴질 수도 있다.

적어도 소설 서사 속에서 인아는 쇼핑을 좋아하지도 않고 오히려 검소하다. 그녀는 책을 많이 사고 많이 읽는다. 박학하다. 다만 그녀가 '술'을 좀 마신다는 게 걸릴 수도 있는데, 이것은 도피라기보다는 이완을 위한 것 같다. 이성 중심의 제도화된 사회에서 약간의 술은 그 밖으로 나가는 일차적 촉매 역할을 하기 때문이다.

그녀는 시뮬라크르 과잉 공간에 자신을 놓아두지도 않는다. 그녀가 미국이나 캐나다가 아닌 뉴질랜드로 가려는 것도, 마치 제 3국을 선택하는 정치적 인질과 유사하다. 첫 번째 남편이, 그녀의 관점으로 보았을 때, 퇴행적인 태도를 보여도 그녀는 그에 대한 애증의 반응을 보이지 않는다. 양가 감정이 아닌 사랑이라는 단일한 감정으로 그를 대했기 때문에 마침내 그를 자기 쪽으로 점점 가까이 오게 할 수 있었다.

그녀, 그녀의 첫 번째 남편, 그녀의 두 번째 남편, 그 어딘가 사이에서 태어난 딸까지 넷이서 뉴질랜드에서 결국 살게 된다. 이러한 강화 방식은 첫 번째 남편 덕훈을 탈사회화 시킨다.

인아는 참으로 제도로 물화되지 않는 여자, 삶을 물화시키지 않는 여자, 자본주의의 판타스마고리아에 도취되지 않는 여자, 스스로 선택한 자신의 삶의 시행착오조차도 각오하는 여자이다.

그러나 그녀의 삶에 대해 과각성의 반응을 보일 필요는 없다. 말했지만 그녀는 왜상이다. 리얼리즘적인 반영이나 재현이 아니라는 점이다. 그렇다고 판타지도 아니므로 독자들은 곧바로 리얼리즘적으로 읽겠지만 이 리얼리즘은 오히려 알리바이이다. 리얼리즘적으로 읽어라. 그럼 당신의 비판이 당신을 겨냥할 것이다.

인아가 분명 왜상이긴 하지만, 그녀는 동시대 부부생활의 지향점을 알려준다. 그것은 바로 서로에게 공감하려는 태도이다. 물론 백 퍼센트 공감이란 없다. 다만 공감하려는 마음을 꾸준히 충전하는 것이 필요하다. 그렇게 해서 서로 완벽하게 편한 상태가 되는 것을 경계하는 것이다.

부부는 서로가 너무 잘 안다고 생각하기 때문에, 더 이상 알려고 하지 않고. 그래서 결국 서로를 이해하기 힘들어지는 관계일 수도 있다. 대체로 부부들은 결혼 초기에 형성된 서로에 대한 고정관념에 따라 상대방을 이해한다. 결혼한 첫 해에는 부부들이 결혼 관계를 잘 유지하기 위해 상대방의 감정과 생각을 읽으려고 각별한 노력을 기울이지만, 시간이 흐르면서 서로 잘 이해한다는 '과도한 자신감'을 갖게 돼 서로의 말과 행동을 적극적으로 관찰하려는 동기가 떨어지고 노력을 게을리 하게 된다.

부부란, 서로 편하기 때문에, 점차 편해지지 않는 관계가 되는 사이이기도 하다. 그러니까 부부란, 결혼해서 부부가 되었기 때문에 그대로 고착되는 관계가 아니라, 결혼했기 때문에 그때부터 잘 만들어가야 하는 관계이기도 하다. 그럴 때 희망이 있을 것이다. 경우에 따라서는 '문제가 있어서' 부부가 헤어지는 것이 아니라, '문제를 알 수 없어서' 헤어지지 않던가.

희망에 대한 신뢰

노희경 「그들이 사는 세상」

이별에 관한 우울과 슬픔의 이야기를 아름답게 쓰다가, 사랑에 관한 희망의 글을 기쁨에 차서 쓴 작가가 있다. 드라마 작가 '노희경'이다. 그녀가 드라마 「그들이 사는 세상」과 대본집 『그들이 사는 세상』에서 사랑의 희망을 쓸 수 있게 된 것은, 사랑에 이별이 삭제되었기 때문이 아니라, 이별이 있음에도 불구하고 아름답기 때문일 것이다.

그리고 이 희망은 어쩌면 역시 그녀가 쓴 『지금 사랑하지 않는 자, 모두 유죄』라는 글로부터 시작된다.

나는 한때 나 자신에 대한
지독한 보호본능에 시달렸다.
사랑을 할 땐 더더욱이 그랬다.
사랑을 하면서도 나 자신이 빠져나갈 틈을
여지없이 만들었던 것이다.

가령, 죽도록 사랑한다거나,
영원히 사랑한다거나,
미치도록 그립다는 말은 하지 않았다.
(…)
책임질 수 없는 말은 하지 말자.
내가 한 말에 대한 책임 때문에
올가미를 쓸 수도 있다.
가볍게 하자, 가볍게.
보고는 싶지, 라고 말하고,
지금은 사랑해, 라고 말하고, 변할 수도 있다고
끊임없이 상대와 내게 주입시키자.
(…)
그런데, 어느 날 문득 드는 생각.
너, 그리 살아 정말 행복하느냐?
나는 행복하지 않았다.
죽도록 사랑하지 않았기 때문에
살 만큼만 사랑했고,
영원을 믿지 않았기 때문에
언제나 당장 끝이 났다.
(…)
내가 아는 한 여자,
그 여잔 매번 사랑할 때마다 목숨을 걸었다.
처음엔 자신의 시간을 온통 그에게 내어주고,
그 다음엔 웃음을 미래를 몸을 정신을 주었다.

나는 무모하다 생각했다.
그녀가 그렇게 모든 걸 내어주고 어찌 버틸까.
염려스러웠다.
그런데, 그렇게 저를 다 주고도
그녀는 쓰러지지 않고,
오늘도 해맑게 웃으며 연애를 한다.
나보다 충만하게.
그리고 내게 하는 말,
나를 버리니, 그가 오더라.
그녀는 자신을 버리고 사랑을 얻었는데,
나는 나를 지키느라 나이만 먹었다.
사랑하지 않는 자는 모두 유죄다.

(…)

혹시, 이것은 당신의 사랑인가. 매번 사랑할 때마다 목숨을 걸었고 미래를 걸었는데 그것은 무모함이 아니라 충만함이었던, 그런 사랑. 목숨을 걸었던 사랑이 끝났어도 죽지 않았고, 미래를 걸었던 사랑이 끝났어도 미래가 어둡지 않았던 사랑.

아니면, 이것이 당신의 사랑인가. 책임질 수 없는 말은 하지 않았고, 자기 보호본능에 우선 충실했고, 혹여 상대가 "사랑해?"라고 물으면, "지금은 사랑해." 혹은 "보고는 싶지."라고 말했지만, 그것이 행복했느냐는 질문에는 결코 긍정의 답을 할 수가 없었던 사랑. 결국 죽도록 사랑하지 않았기 때문에, 살 만큼만 사랑했고, 영원을 믿지 않았기 때문에 언제나 당장 끝이 났던 사랑.

『지금 사랑하지 않는 자, 모두 유죄』의 화자는 후자의 경우였다. 이런 사랑은 언제나 메타적이다. 메타적인 사랑을 하는 사람들은 사랑 자체를 하는 것이 아니라, 사랑하고 있는 자신을 확인하고 검토한다. 확인과 검토 끝에 그/녀를 사랑한다고 인식되면 계속 그/녀를 사랑하려고 노력한다. 그렇지 않으면 재검토에 들어가거나 헤어짐을 준비한다. 이들은 사랑을 하면서, 그 사랑 자체에 집중하지 못한다. 느낌을 받으면서 그냥 그대로 흘려보내는 것도 쉽지 않다. 이들은 느낌을 받으면 사후적으로 그 느낌을 해석하려고 하고, 거듭 반복적으로 회상함으로써 결국 그 느낌을 왜곡시키거나 과장시키거나 별것 아니라고 폄하한다.

사랑에 있어서도, 자기 대상화가 필연적으로 따라붙기 때문에, '사랑하는 나'와 '사랑하는 나를 바라보는 나'로 분리한다. '바라보는 나'는 '사랑하는 나'를 검열하고 제어한다. 검열과 제어 때문에 '사랑하는 나'는 무구한 사랑을 할 수가 없다. 그래서 그/녀와 함께 있을 때에는 사랑을 느끼지 못하고 있다가, 그/녀와 헤어지고 나면 그/녀를 그리워한다.

이런 사랑엔, 희망 자체가 환상이다. 사랑에 희망을 갖는다는 것을 환상이라고 여기기 때문에, 사랑은 언제나 비극의 장르에서만 리얼리즘이 된다. 이들에게 희망을 간직하고 있는 사랑은, 그래서 현실의 비극적인 사랑을 은폐하기 위한 통속극 정도로만 여겨지는 것이다.

정말 그러한가. 그렇지 않다고 말하는 연애가 있다. 『지금 사랑하지 않는 자, 모두 유죄』에서 전자의 경우이다. 『그들이 사는 세상』의 남녀 주인공의 연애도 그렇다. 사랑할 때마다 목숨을 걸고, 미래를 걸고, 사랑으로 충만한 사랑.

『그들이 사는 세상』의 두 주인공은 연애의 넓은 스펙트럼 속에서 유영하는 듯하다. 열정적인 연인이었다가 다정한 오누이였다가 선후배였다가 서로의 문제를 해결해주는 멘토링 관계였다가 소울메이트같이 영혼을 공유하는 사람이 되었다가 천진난만한 장난꾸러기 친구가 되기도 한다. 게다가 두 주인공은 부모와의 유대 맺기에 어려움을 겪고 있었는데 이 또한 둘의 연애를 통해 조금씩 극복이 된다. 연인이지만 각자의 아버지, 엄마도 되어주는 것이다.

「그들이 사는 세상」에서 남녀 주인공을 했던 두 남녀 배우가 드라마에서 이런 다양한 연애를 익혔기 때문에, 사랑 그 자체에 매료되고, 그래서 결국 두 사람이 진짜 연인 관계가 되지 않았을까. 예컨대, 두 사람은 드라마 대본 읽기를 통해 '사랑의 기술' art of love 을 익히고 그것을 드라마라는 시뮬레이션 공간에서 실험하고 학습한 것이다. 대본과 드라마를 통해 연애라는 사건과 현상이 가능한 모든 좌표를 다 경험했으니, 그들이 실제 연인이 된 것은 이상할 것이 없다. 사랑과 연애도 학습 효과가 분명, 있다. 그런 의미에서 작가 노희경은 선생님이다. 남녀 주인공을 연기한 두 배우에게 사랑과 연애의 시뮬레이션을 제공한.

이런 내레이션이 있다.

이상하다. 당신을 이해할 수 없어. 이 말은 엊그제까지만 해도 내게 상당히 부정적인 의미였는데, 절대 이해할 수 없는 준영이(여자 주인공)를 안고 있는 지금은 그 말이 참 매력적이라는 생각이 든다. 이해할 수 없기 때문에 우린 더 얘기할 수 있고, 이해할 수 없기 때문에 우린 지금 몸 안의 온 감각을 곤두세워야만 한다. 이해하기 때문에 사랑하는 건 아니다.

이 내용은 차라리 이렇게 바꿀 수도 있다. 이해할 수 없기 때문에 사랑하고, 사랑하는 한 끝까지 이해하기를 원하지 않는다. 연인은 불가해 한 존재이다. 불가해 하기 때문에 몸의 가느다랗고 섬세한 촉수들을 세워야 한다. '사랑하는 나를 바라보는 나'는 철수되고 사랑하는 '나'와 '너'만 있어야 한다.

이런 대사도 있다.

사랑하는 사람과 헤어지는 이유는 저마다 가지가지다. 누군, 그게 자격지심의 문제이고, 초라함의 문제이고, 어쩔 수 없는 운명의 문제이고, 사랑이 모자라서 문제이고, 너무나 사랑해서 문제이고, 성격과 가치관의 문제라고 말하지만, 정작 그 어떤 것도 헤어지는 데 결정적이고 적합한 이유들은 될 수 없다. 모두, 지금의 나처럼 각자의 한계일 뿐.

이 대사는 인간은 모두 한계가 있으니 헤어짐은 불가피하다는 뜻으로 수렴되지 않는다. 그것은 사랑을 할 때에는 각자의 한계를 인정해야 한다는 의미이다. 각자의 한계를 인정하면, 사랑에 대한 태도가 변한다는 것도 인정된다. 사랑이 변한다기보다, 사랑에 대한 사람의 태도가 변하는 것이다.

그럼에도 불구하고, 모든 연인들은 사랑의 항상성을 추구하고 그 바탕 위에서 미래를 약속한다. 그러나 사랑의 항상성은 사랑에 대한 사람의 태도가 변한다는 전제에서만 가능하다. 사람, 환경, 세계, 모두 변하지만, 그 변화하는 에너지 사이에서 평형 상태를 이루는 것이다. 물론 그 평형 상태란 고착의 상태를 의미하는 것이 아니라, 사랑의 넓은 스펙트럼 속, 그 긴장 속에서의 끊임없는 평형을 지향하는 그 '상태'를 의미한다.

그 평형 상태에 대한 지향이 바로 사랑의 항상성이다. 변화하지만 항상성을 유지하려는 사랑, 그런 것이다. 그래서, 변화 속에서 지속되는 사랑을 위해서 우리는 사랑의 갱신을 추구해야 한다. 사랑이 변한다고 회의할 것이 아니라, 사랑은 서로가 갱신하는 것이니 자신과 연인과의 관계 속에서 진실과 진심과 진정성의 힘으로 새로움과 아름다움을 꿈꾸는 것이다.

어쩌면 가장 나쁜 사랑은 상상력이 없는 사랑이 아닐까. 베이컨 F.Bacon이 말한 대로, 상상력이란 사실의 세계에 매이지 않고 사실들을 마음대로 변형시켜 사실보다 더 아름답게, 다양하게 만들어 즐기는 능력이다. 사랑의 상상력은 그런 것이다. 혹은 상상력의 사랑은 이런 것이다. 사실에 충실한 것이 아니라, 사실을 넘어서는 것. 그래서 사랑은 때때로 환상적이며, 그것이 환상적이라 하더라도 충만한 실감을 안긴다. 환상과 실감이 공존하는 아이러니의 장이, 사랑인 것이다.

그래서 사랑에 대해 상상력이 없다면, 그 사랑은 진부해질 수밖에 없고 결국 서로를 지치게 한다. 상상력은 일회성의 이벤트를 하는 기획력이 아니다. 그것은 연인끼리 서로의 정체성을 더 풍부하게 만들어주는 언어와 몸짓의 나눔이자, 언어와 몸짓의 생성이다.

『그들이 사는 세상』의 사랑이 더 특별한 것은, 이들이 이전에 사랑했던 사이였고 오래전 헤어졌으며, 서로 헤어진 후 또 다른 연인을 만나 사랑했으나 다시 이별을 겪었다는 점이다. 그들이 새롭게 사랑을 시작하면서 어떤 마음이었을까. 분명 한 번 헤어졌던 연인이고, 또 다른 사람과의 사랑도 이별로 끝났던 사람들인데, 어떤 과정을 거쳐 사랑을 시작할 수 있게 된 것일까.

남자는 이렇다.

미치게 설레던 첫사랑이 마냥, 마음을 아프게만 하고 끝이 났다. 그렇다면, 이젠 설렘 같은 건 별거 아니라고, 그것도 한때라고 생각할 수 있을 만큼 철이 들만도 한데, 나는 또다시 어리석게 가슴이 뛴다. 그래도 성급해선 안 된다. 지금 이 순간 내가 할 일은 지난 사랑에 대한 충분한 반성이다. 그리고 그렇게 반성의 시간이 끝나면 한동안은 자신을 혼자 버려둘 일이다. 그게 한없이 지루하고 고단하더라도 그래야만 한다.

희망은 이런 식이다. 희망은 느리다. 희망에 대해서, 모든 연인들은 겸손해야 한다. 희망은 경계함으로써 비로소 도래하는 역설적인 것이다.

여자의 희망도 이러하다.

새로운 사랑은 지난 사랑을 잘 정리할 수 있을 때에만 시작할 수 있다고 한다. 하지만 나는 그에게 마지막 인사를 하지 않았다. 다만 고맙다고 했다. 고마워. 아마도 그는 그로 인해 내가 얼마나 성숙했는지 알지 못할 것이다.

여자는 하나의 사랑을 끝내면서, 헤어진 연인에게 "고맙다"고 말한다. 사랑을 하는 동안 그녀는 성숙한 것이다. 사랑의 시간 동안 자신을 변화시킨 사람에 대한 고마움. 그래서, 그와의 이별은 완결되지 않는다. 완결되지 않는 사랑은, 혹은 이별은, 그대로 당분간이라도 두어야 한다. "지난 사랑을 잘 정리할 수 있을 때에만" 새로운 사랑을 잘 시작할 수 있기는 하지만, 지난 사랑의 아름다움을 억지로 봉인한 채로 사랑할 수는 없다.

그래서 여자는, 이런 말도 남긴다.

지금 이 새로운 사랑을 시작하는 시점에서 나의 아킬레스건은, 인정하기 싫지만, 내가 너무 사랑을 정리하는 것도 사랑을 시작하는 것도 쉬운 애라는 거다. 하지만 이 순간 그것보다 더 중요한 건 내가 이 사랑을 더는 쉽게 끝내고 싶지 않다는 거다. 그렇다면 이제부터 나는 어떻게 해야 하는 것일까? 지난날처럼 쉽게 오해하지 않고, 쉽게 포기하지 않고, 지루하더라도 다시 그와 긴 애길 시작한다면 이번 사랑은 결코 지난 사랑과 같지 않을 수 있을까?

그녀는 자신의 한계를 안다. 그리고 그 한계 때문에 사랑이 쉽게 끝날지도 모른다는 것을 안다. 알기 때문에 삼간다. 그 삼감이 그녀에게 희망이다.

호모세퍼러투스들의 희망은 화려한 희망의 색채를 띠고 있지 않다. 그것은 언제나 망설이고 머뭇거리는 희망이다. 그래서 희망을 물을 때에도 사뭇 조심스럽다. 작가 노희경도 그러했다. 노희경은 『그들이 사는 세상』의 여주인공의 입을 빌어 이렇게 말한다.

나는 그날 처음으로 드라마를 만들려면 드라마처럼 살라는 그의 말이 가슴에 사무쳤다. 그래, 못할 것도 없지. 끝날 것 같은 인생에도 드라마처럼 반전이란 건 있는 법이니까. 그날 그 순간 그 생각이 든 건 얼마나 다행인가. 언젠가 그가 했던 말이 생각난다. 모든 드라마의 모든 엔딩은, 해피엔딩밖에 없다고. 어차피 비극이 판치는 세상. 어차피 아플 대로 아픈 인생, 구질스런 청춘, 그게 삶의 본질인 줄은 이미 다 아는데, 드라마에서 그걸 왜 굳이 표현하겠느냐. 희망이 아니면 그 어떤 것도 말할 가치가 없다. 드라마를 하는 사람이라면, 세상이 말하는 모든 비극이 희망을 꿈꾸는 역설인 줄을 알아야 한다고, 그는 말했었다. 나는 이제 그에게 묻고 싶다, 그런 너는 지금 어떠냐고, 희망을 믿느냐고…….

'희망이 있느냐고…….'가 아니라, "희망을 믿느냐고……."이다. 희망은 '존재와 부재'의 문제가 아니라, '신뢰와 불신'의 문제일 것이다. 희망을 조심스럽게 믿는 사랑과, 희망을 불신하는 위악적인 사랑, 그것의 차이는 얼마나 깊은가.

사랑할 때 사랑하고 싶다면, 사랑의 희망을 믿어야 할 것이다. 조심스럽게, 겸허하게.

남의 사랑에
훈수 두기

박완서 「그 여자네 집」

  우리는 이제 누군가의 사랑에, 연애에 훈수를 둘 것이다. 자기 사랑에 대해 느긋하게 훈수를 둘 수 있는 사람은 없다. 팔짱 끼고 '이렇게 될 줄 알았지…….' 그럴 사람은 없다. 그러나 우리는 적어도 남의 사랑에 대해서는 많은 매뉴얼을 준비해두고 있다. 생각해보면 우리가 판결지은 연애 사건이 얼마나 많은가. 물론 집행은 그들의 몫이었지만, 우리는 그 집행조차 간섭하고 싶어서 얼마나 안달을 했었나. 자신의 사랑에는 일사부재리의 원칙 같은 것은 적용하지 않으면서도 남들의 연애 사건은 얼마나 재소환하여 탐문하고 싶어 했던가.

  그러나 그 탐문의 욕망에는, 다른 사람의 사랑을 자신의 사랑에 역전이 하려는 욕망이 끼어 있었다. 남의 사랑을 훈수하는 듯 하면서 실은 자기 사랑의 각주로 삼는 것. 그래서 남의 사랑에 훈수를 두는 것은 자기 사랑을 위한 역전이인 셈이다.

그러다가 우리는 다른 사람이 아니라 자기의 연애를 언제나 다시 호출하여 재판결 상황에 놓고, 그럴수록 불리한 피의자가 되기도 했었다. 헤어지고 나서도 그/녀에게 전화하고 매달리고 그래서 그/녀를 더 우월한 위치에 올리고, 자신은 그/녀의 처분을 기다리는 약자로 전락시키지 않았던가.

역시, 자기 자신의 사랑에 대해 말하는 것은 힘겹다. 그래서 여기서는, 우리 자신의 사랑 이야기를 잠시 유보하고, 소설「그 여자네 집」에 기대 다른 사람의 사랑 이야기를 해보자.

마지막부터 이야기하자. '만득 씨'는 '곱단'을 잊었다고 한다. 아니, 정확하게 말해서 곱단이를 아직 잊지 못했다고 하는 건 순전히 자기 안사람이 지어낸 이야기라고 말한다.

여기서, 만득 씨와 그의 아내 '순애 씨'를 대질시키고 싶지만 순애 씨는 이미 죽었다. 만득 씨와 곱단 씨를 한자리에 모실 수도 없다. 곱단 씨는 이북 사람이기 때문이다.

그렇다면, 일흔이 넘은 만득 씨가 하는 얘기를 인용해보자.

"난 지금 곱단이 얼굴도 생각이 안 나요. 우리 집사람이 줄기차게 이르집어주지 않았으면 아마 이름도 잊어버렸을 거예요. 내가 곱단이를 그리워했다면 그건 아마 누구에게나 있을 수 있는 젊은 날에 대한 아련한 향수였겠지요. (…) 나는 지금도 생생하게 느낄 수가 있어요. 곱단이가 딴 데로 시집가면서 느꼈을, 분하고 억울하고 절망적인 심정을요. 나는 정신대 할머니처럼 직접 당한 사람들의 원한에다 그걸 면한 사람들의 한까지 보태고 싶었어요. 당한 사람이나 면한 사람이나 똑같이 그 제국주의적 폭력의 희생자였다고 생각해요. 면하긴 했지만 면하기 위해 어떻게들 했나요? 강도의 폭력을 피하기 위해 얼떨결에 10층에서 뛰어내려 죽었다고 강도는 죄가 없고 자살이 되나요? 삼천리 강산 방방곡곡에서 사랑의 기쁨, 그 향기로운 숨결을 모조리 질식시켜버리니 그 천인공노할 범죄를 잊어버린다면 우리는 사람도 아니죠. 당한 자의 한에다가 면한 자의 분노까지 보태고 싶은 내 마음 알겠어요?"

아, 자가당착이다. 진짜 망각은, 망각했다는 사실조차 망각하는 것이다. 만득은 곱단을 잊었다고 했지만, 그는 그녀를 잊었다고 생각하는 것을 반복함으로써 실은 그녀를 잊지 못한 것일지도 모른다. 이런 발화 내용과 발화 형식의 모순으로 만득 씨의 곱단 씨에 대한 기억이 분열되어 있다는 것을 알 수 있다.

하나씩 살펴보자. 잊지 못하는 것이 아니지만 젊은 날에 대한 향수는 있으며, 얼굴도 생각은 안 나지만 곱단이가 딴 데로 시집가면서 느꼈을 심정은 생생하게 느끼며, 무엇보다 자신과 곱단의 '사랑의 기쁨'을 질식시킨 '범죄'를 잊을 수 없다는 것.

정리하자면, 얼굴은 생각나지 않지만, 그 외의 것들은 너무나 생생하다는 것인데, 이는 분명 그녀를 잊은 것이 아니다. 오히려 연인을 떠올리려 하면 할수록 그/녀의 얼굴은 지워진다는 역설을 우리는 오히려 잘 알고 있지 않은가. 머릿속에서 너무 잘 그려지는 그/녀는 그러므로 연인이 아닌 것이다.

결국 만득 씨가 우리에게 잊었다고 해도, 잊지 못했다고 해도, 우리는 믿을 수도, 믿지 않을 수도 없다. 그가 사랑이라고 해도, 사랑이 아니라고 해도, 그 진심이 확연하게 드러나는 것은 아니다.

아직 애매하다. 그러므로 역설적으로, 이 관계, 아직 끝나지 않았다. 게다가 우리는 이 사랑 이야기를 만득 씨로터 직접 듣는 것이 아니다. 만득 씨의 이야기를 해주는 화자가 따로 있다. 이 경우 화자가 작가 박완서라고 해도 무방할 것이다.

『그 남자네 집』이 박완서 자신의 첫사랑 이야기라면, 「그 여자네 집」은 다른 사람의 첫사랑 이야기이다. 『그 남자네 집』은 '사랑 이야기'이고, 「그 여자네 집」은 '사랑 이야기에 대한 이야기'인 것이다.

그래서 오히려 더 짙은 사랑의 이야기가 된다. 둘의 사랑을 이야기하면서 작가 자신의 간접화된 욕망이 자신도 모르는 사이에 순간순간 그 틈에 삽입되기 때문이다.

시작은 '행촌리'이다. 행촌리는 38선이었을 때는 이남에 속했고, 휴전선이었을 때는 이북으로 편입되었던 곳이다. 행촌리에 만득 씨와 곱단 씨, '완서 씨'(작가 박완서)가 살고 있었다.

행촌리의 아름다움, 특히 곱단 씨 집의 아름다움은 만득 씨의 시선

때문에 더 부각된다. 만약 만득 씨의 시선이 없었다면 곱단 씨의 집은 그저 시골의 평범한 한 정경에 불과했을 것이다. 그러나 만득 씨의 시선에 의해 곱단 씨의 집은 신성하고 불가침의 장소로 변한다. 그 시선의 중층의 끝에 완서 씨의 시선이 있다.

물론, 반백 년 전의 일이다. 그러나 그렇기 때문에 그곳은 지금까지도 일종의 성소聖所이다. 특히 만득 씨와 곱단 씨의 애틋한 연애서사까지 포함된 그 장소에서는 사소한 물건까지도 물신物神이 된다. 그 중 하나가, 곱단 씨네 꽈리이다. 언젠가 곱단 씨가 완서 씨에게 보여준, 만득 씨의 연애편지를 한 토막 엿보자. 그는 곱단 씨네 울타리 밑의 꽈리나무를 이렇게 표현했다.

꼬마 파수꾼들이 초롱불을 빨갛게 켜들고 서 있는 것 같다.

요즘 말로, 손발이 오그라드는 표현이지만, 우리에게도 이런 물신이 있지 않은가. 언젠가 가판대에서 그녀가 손에 들었던, 큐빅이 촘촘히 박힌 머리핀, 그것을 곁에 있던 그는 사주었을 것이다. 그 머리핀은 교환가치로 매김되지 않는다. 때때로 그녀가 집어든 곰인형은 어떤가. 스물이 넘은 여자에게 곰인형이란, 대개의 경우 '그 남자'의 대리물일 터인데, 그것은 물론 교환 가치와도, 사용 가치와도 무관한 절대치의 물신, 차라리 토템에 가깝다. 그러니 곱단 씨네 집 꽈리를 두고 꼬마 파수꾼 운운한 만득 씨의 유치함은 연인의 보편적 속성이라고 넘어갈 수 있다.

연인의 집이라는 아우라aura는 이 소설 초반에 제시되어 있는 김용택의 시「그 여자네 집」에서도 지켜진다. 박완서는 김용택의 동명 시「그 여자네 집」을 읽고 만득 씨의 이야기를 떠올렸다고 한다.

가을이면 은행나무 은행잎이 노랗게 물드는 집
해가 저무는 날 먼 데서도 내 눈에 가장 먼저 눈에 뜨이는 집
(…)
그 여자의 까만 머릿결과 어깨를 생각만 해도
손길이 따뜻해져오는 집
(…)
물을 길어오는 그 여자 물동이 속에
꽃잎이 떨어지면 꽃잎이 일으킨 물결처럼 가닿고
싶은 집
(…)
김칫독에 엎드린 그 여자의 등에
하얀 눈송이들이 하얗게 하얗게 내리는 집
내가 함박눈이 되어 내리고 싶은 집
(…)
발자국을 숨기며 그 여자네 집 마당을 지나 그 여자의 방 앞
뜰방에 서서 그 여자의 눈 맞은 신을 보며
머리에, 어깨에 쌓인 눈을 털고
가만가만 내리는 눈송이들도 들리지도 않는 목소리로
가만 가만히 그 여자를 부르고 싶은 집
(…)

김용택의 시 속 '은행잎', '김칫독', '눈', '마당', '뜰방' 등의 이미지들은 물신성과 상징성이 매우 높은 기호이다. 이 기호들은 서로의 의미를 확장시키며 연인을 그 상징성 속에 가둬버린다.

게다가 사랑의 감정은 그때그때 소비되는 것이 아니라서, 항상 적체되고, 그 적체된 감정이 우리를 간절하게 한다. 그 간절함이 가닿는 곳, 그것이 물신이라는 환유이다. 우리는 우리의 감정을 주체하지 못하여 여러 물상들에 신격을 부여하는 것이다. 꽈리라는 신, 머리핀이라는 신, 곰인형이라는 신.

이 신을 공유하는 것은 쉽지 않다. 특히 외부의 상황이 부정적으로 돌변할 때 더욱 그러하다. 광복 직전 1945년, 만득 씨가 징용이 되기 때문이다.

그때부터 행촌리는 더 이상 청춘의 연애담이 풍성한 장소가 아니라 괴담으로 흉흉한 곳이 된다. 이 때문에 곱단 씨도 어쩔 수 없이 다른 남자와 결혼해버린다. 정신대에 가지 않기 위해서였다. 징용에서 돌아온 만득 씨도 순애 씨와 결혼하여 행촌리를 떠나고, 완서 씨도 서울로 오게 된다.

서울에서 완서 씨와 만득 씨는 우연히 재회한다. 물론 그들은 기억의 공유지인 행촌리를 떠올리게 된다. 아울러, 완서 씨는 만득 씨의 아내인 순애 씨를 만나면서 완서 씨는 만득 씨과 곱단 씨, 순애 씨의 관계를 묘한 삼각 관계로 표상하게 된다.

이제 와서 씨도 그 과거의 서사에 훈수를 두어야 할 참인 것이다. 순애 씨의 말대로라면, 만득 씨는 여전히 곱단 씨를 사랑하고 있다. 또 순애 씨의 관점에서 보면, 곱단 씨는 만득 씨의, 만득 씨는 순애 씨의 타자이다.

철학자 알렝 핑켈크로트 Alain Finkielkraut는 『사랑의 지혜』에서 사랑은, 사랑하는 주체를 '부재자의 인질'로 만든다고 했다. 맞는 말일 것이다. 예컨대 나는 그/녀를 사랑하지만, 언제나 그/녀는 나의 손을 벗어나기 때문에 그/녀는 언제나 내게 부재자인 것이다. 그리고 나는 그 부재자의 자발적인 인질인 것이다.

그래서 순애 씨는 만득 씨의 인질이고, 만득 씨는 곱단 씨의 인질이다. 들뢰즈의 말대로, 연인은 언제나 잃어버린 대상이다. 그 잃어버린 대상에 집착하는 한, 우리는 언제나 편집증적인 분열자가 될 수밖에 없다. 이 연인이라는 분열자는, 한편으로는 그/녀에게 집착하면서도, 그/녀의 인질이면서도, 그/녀를 사랑하지 않는다고 하는 것, 혹은 잊었다고 강조하는 것, 그것을 믿어달라고 호소하는 것, 바로 우리가 맨처음 인용했던 만득 씨의 모습 말이다.

핑켈크로트의 이 말을 부연하지 않을 수 없다. "당신은 그 부재자를 잡아두지도, 교묘히 피하지도, 돌려보내지도 못한다. 얼마나 멋진 무력감인가."

얼마나 멋진 무력감인가. 연인의 인질이 된다는 것, 그 부재하는 연인의 인질이 된다는 것은 모든 사람에게 찾아드는 기회는 아니다. 그러하니, 우리가 만약 부재자의 인질이 되었다면, 그것은 자기 생을 반짝이게 하는 멋진 무력감이라는 것을, 아프지만 인정할 수밖에 없을 것이다.

이 아픔의 역전이가 사랑의 힘이 된다. 만득 씨와 곱단 씨, 혹은 만득 씨와 순애 씨의 사랑을 완서 씨가 자신에게 전이를 시켰듯이, 우리는 이들의 사랑과, 사랑에 대한 이야기를 다시 역전이 시켜 우리의 사랑과 이별에 각주로 삼을 수 있다. 우리는 남의 사랑에 훈수를 두면서 자신의 사랑을 다시 보게 되는 것이다.

미래에서 여기,
지금을 본다

강은교 「젊은 시인에게 보내는 편지 4」

현재와 미래에 대한 태도로 사람의 성향을 알 수 있을지도 모른다. 현재와 미래를 싸잡아 모두 잠재적 과거라고 생각하는 사람의 부류가 그 첫 번째. 그들은, 지금 살고 있는 현재, 이 순간에 충실하라는 뜻의 '카르페 디엠' carpe diem 을 자기 삶에 적용하지 않는 사람들이다. 한편, 과거조차도 그것이 분명치 않으므로, 혹은 그 과거를 주체가 온전히 소유하지 못하므로, 혹은 다시 그 과거가 반복되는 것이 인생이므로, 과거가 바로 미래라고 하는 사람들도 있다. 그들은 소위 '이미 지나간 미래', 혹은 '오래된 미래'를 살고 있는 사람들이다.

이별은 처음부터 과거의 사건으로 편입되지는 않는다. 이별이 발발하고 나면, 그것은 거듭 반복되고, 미래까지도 점령한다. 이별은 언제나 '지나간 미래'이며 '오래된 미래'인 것이다. 이별은 추억으로 고착되지 않는, 오랫동안 현재나 미래 시제였다가, 천천히, 아주 지루하게 과거의 사건으로 등재된다.

강은교의 「젊은 시인에게 보내는 편지 4-1998년 겨울의 일기」는 이별이 있고, 오랜 시간이 지난 후 비로소 과거가 된 이별에 대한 애도의 헌사이다.

모든 사람의 내면에는 수평선이 살고 있다. 모든 사람의 내면에는 추억이 살고 있듯이 수평선이 살고 있다. (…) 추억은 모든 사물을 분명하게 한다. (…) 추억만이 확실하다. (…) 모든 현재는 결국 추억이므로. 모든 과거가 추억이듯이 모든 미래도 추억이므로.

이별조차 그저 추억이 되는 삶의 시기가 있을 것이다. 그러므로 미래의 시점에서 지금의 이별을 보면, 이별을 겪은 '어린 나'는 참으로 안쓰럽지만 또 그것을 견뎌낼 것을 알기에 조금은 쓸쓸해진다.

피드 포워드feed forward가 필요하다. 시간을 미래로 앞먹임 하는 것. 살아가면서 우리는 실패하지 않기 위해 과거를 곱씹고 과거의 실수를 경계한다. 그것이 피드백이다. 이별에 대해서도 물론 피드백이 있어야 할 것이다. 내가 왜 이별을 했는지, 이별의 추이를 살피고, 가능하다면 그 이별을 객관화하는 것도 필요할 것이다. 그러나 이별에 대해서는 과거를 되먹임하는 일뿐 아니라, 미래를 앞먹임하는 일도 해야 한다. 예를 들어, 일흔쯤 된 나이로 올라가 '아직은 젊은 나'를 바라보면, 지금의 이별은 생의 반짝이는 결절점으로 빛나는 것이 보일 것이다.

「젊은 시인에게 보내는 편지 4」에는 노년의 시인이 걸어간다.

지난 가을, 태풍이 심하게 불었던 다음 날 나는 송도를 떠났다. 나는 새로운 모래밭으로 왔다. 다대포의 모래밭이다. 다대포의 모래밭은 늙은 여자의 살 같다. 늙은 여자의 모래밭은 항상 우는 듯한 얼굴로 나를 기다린다. 저녁이면 빠르게 다가오는 검은 물의 행진…… 물이 그렇게 빨리 달려오는 것을 나는 처음 보았다. 다음날 아침이면 허옇게 시들게 해 놓고 물러갈 것이 그렇게 빨리 달려오는 것을, 달려와 다시 모래에 물을 채우는 것을. 마치 너에게 다가오는 언어의 그림자처럼, 이미지의 즐기는 어둠 속에서, 다음날 아침이면 사라질 어둠 속에서 자라난다. 모래 위에서 자라난다. 모래 위에서 생의 노래를 부른다.

(…)

이곳은 젊은날의 카뮈가 살았던 오랑 같다. 햇살은 하얗고, 사람들은 느릿느릿 걸으며 느릿느릿 손을 내민다.

"다대포의 모래밭은 늙은 여자의 살 같다."

다대포 모래밭은 해운대나 광안리와 다르다. 그곳의 모래는 좀 더 성글고 좀 더 거칠다. 늙은 여자의 살 같은 것이다. 늙은 여자의 살은 젊은 여자의 살보다 덜 부드럽고, 더 상처받기 쉽다.

폴 발레리Paul Valery가 '가장 깊은 것은 살이다.'라고 했지만, 가장 얇은 것도 살이다. 특히 늙은 여자의 살은 깊고 얇다. 깊은 것은, 아무리 다가가도 그 살의 심연에 닿을 수 없기 때문이고, 얇은 것은 그 살이 언제나 한 꺼풀 벗겨져 있기 때문이다. 늙은 여자의 살은 깊고 먼 미로이자, 표피가 벗겨져 내피가 밖으로 노출되어 있는 생채기이다.

「젊은 시인에게 보내는 편지 4」를 읽으면 그런 늙은 여자가 다대포 모래밭을 느릿느릿 걸으면서 생을 되돌아보는 장면이 그려진다.

당신은 아마 늙은 여자이거나 늙은 남자가 아닐 것이다. 하지만 간혹 늙은 여자나, 늙은 남자가 되어 여기, 미래형으로 출몰하는 이별을 물끄러미 바라보아도 좋을 것이다.

예컨대, 이런 상황이다. 오후 4시의 다대포, 어정쩡한 시간, 어정쩡하기 때문에 그 어떤 분위기도 낼 수 있는 시각, 다대포를 찾으면 차들이 하나씩 황량한 다대포 해안에 정박하는 배처럼 모랫바람을 견디고 있는 것이 보일 것이다. 그럼 거기, 다대포에서 미욱하게나마 걸어보는 것이다. 조촐한 기억이 당신 곁을 지나갈 것이다. 참으로 좁혀지지 않았던 그/녀와의 시차도 거기 함께 머물 것이다. 그때, 당신이 그/녀를 보고 싶어할 때면 그/녀는 당신을 지루해 했었고, 그/녀가 당신을 보고 싶어할 때면, 당신은 그/녀가 부담스러웠을 것이다. 당신의 연애는 종종 양가적이었을 것이다. 사랑에는 증오가 따라붙었을 것이고, 용기에는 자학이, 슬픔에는 오기가 떠나지 않았을 터인데, 그런 어리석었던 사랑, 참회해보는 것이다.

만약 사랑하고 있다면, 이별이 두렵다면, 미리 이별을 앞먹임해보아도 좋으리라. 그러면 당신을 사랑하는 그/녀의 과묵한 등이, 저 앞을 걸어가고 있는 것이 보일 것이다.

이별 여행을 마치며

이제, 사랑을 쓴다

그럼에도 불구하고 이별에 실패할 수 있다. 이별의 방법을 알고, 이별을 수없이 해보았다 해도, 이별에 내성이 생기는 것은 아닌 것 같다. 이별은 언제나 이별답게 아프고, 이별한 자들은 이별의 아픔에 충실하다. 그래서 우리는 사랑을 할 것인가, 말 것인가, 고민하기도 한다. 이별이 패키지로 늘 딸려 오는 사랑에 대해 망설이는 것이다.

그러나 그것은 선택의 문제가 아닐 수도 있다. 사랑은, 아무 데서나 시작되고, 이별은, 어떤 곳이든 따라붙기 때문이다. 중요한 것은 사랑에 대해서는 패자일 수 있지만, 이별에 대해서는 패자가 되어서는 안 된다는 점이다. 이별은 순전히 내가 짊어져야 할 사건이기 때문이다. 나 혼자 감당해야 할 일에, 내가 진다면, 그것은 자기 삶에 대한 태만이자 무능이기 때문이다.

나는 이 책을 쓰면서도 그렇고, 쓰고 나서도, 어눌하고 어설픈 호모 세퍼러투스일 것임을 안다. 나는 용감하게 사랑을 선택하지도 못할 것이다. 여전히 주저하며 사랑의 주변을 배회할 것이고, 이별에 대해서도 맨살갗으로 무방비로, 대책 없이 아플 것이다. 이별에 대해서 씩씩한 사람은 없다. 이별에 대해서 호탕한 승자는 없다. 이별의 승자는, 그러므로 가까스로 아슬아슬하게 그 길을 통과하는 사람이다. 그래서 이별에 대해서는 늘 소심해지고, 그래서 사랑에 대해서도 회의적일 수밖에 없는 사람, 나와 당신에게 이 책이 전해지기를 바란다.

사는 것은, 과장되게 연애하고, 덜 아프게 이별하기 위해 가면을 쓰는 일이 아니라, 가면을 한 손에 들고, 자신에게도 가면이 있음을 숨기지 않으면서도 가면을 쓰지 않기 위해 최선을 다하고 있음을 남에게도, 자기 자신에게도 끊임없이 주지시키는 일이다. 나 또한 가면을 버리지는 못한다. 다만, 가면을 쓰지 않기 위해 가면을 응시할 수는 있을 것이다.

여러 편의 소설과 시에 기대 썼지만, 이 책은 다만 단 한 편의 글이다. 샤먼의 주술이 그렇듯이, 이 책은 소요하지만 끝내 이별과의 교신을 그치지 않을 것이다. 이 책은, 이별을 긍정하는, 이별한 자들을 긍정하는 안간힘이다. 이별한 자들을 긍정한다는 것은, 이별한 자들이 사랑으로 선회할 것을 믿는다는 의미이다.

그래서 이 책은 이별에 대한 책이 아니다. 사랑에 대한 책이다. 이별은, 사랑으로 가는 가장 먼 길이기 때문이다.

이별 리뷰
ⓒ 한귀은 2011

|초판 1쇄 인쇄 2011년 1월 20일
|초판 1쇄 발행 2011년 1월 28일

|지은이 한귀은
|펴낸이 강병선
|편집인 고미영

|본문사진 김기원 (http://407203.tumblr.com)
|디자인 이경란
|마케팅 방미연 우영희 정유선 나해진
|온라인 마케팅 이상혁 한민아 정진아
|제작 안정숙 서동관 정구현 김애진
|제작처 영신사

|펴낸곳 (주)문학동네
|출판등록 1993년 10월 22일 제406-2003-00045호
|임프린트 이봄

|주소 413-756 경기도 파주시 교하읍 문발리 파주출판도시 513-8
|전자우편 springten10@gmail.com
|전화번호 031-955-2660(마케팅) 031-955-2698(편집) | 팩스 031-955-8855
|이봄트위터 http://www.twitter.com/springtenten

ISBN 978-89-546-1414-6 03810

● 이봄은 출판그룹 문학동네의 임프린트입니다.
  이 책의 판권은 지은이와 이봄에 있습니다.
  이 책의 내용의 전부 또는 일부를 재사용하려면 반드시 양측의 서면 동의를 받아야 합니다.

● 이 책의 국립중앙도서관 출판시도서목록(CIP)은 e-CIP홈페이지(http://www.nl.go.kr/ecip)에서
  이용하실 수 있습니다.(CIP제어번호: CIP 2011000244)

www.munhak.com